O
psicodiagnóstico
e a formação
à vida religiosa
consagrada e
presbiterial

Dados Internacionais de Catalogação na Publicação (CIP)
(Câmara Brasileira do Livro, SP, Brasil)

Sanagiotto, Vagner
  O psicodiagnóstico e a formação à vida religiosa consagrada e presbiteral / Vagner Sanagiotto. – Petrópolis, RJ : Vozes, 2025.

ISBN 978-85-326-7047-2

1. Psicodiagnóstico 2. Psicologia 3. Teologia – Igreja Católica 4. Testes psicológicos 5. Vida religiosa 6. Vocação – Aspectos psicológicos 7. Vocação – Cristianismo I. Título.

24-239435   CDD-248.894

Índices para catálogo sistemático:

1. Vida religiosa consagrada : Cristianismo   248.894

Eliete Marques da Silva – Bibliotecária – CRB-8/9380

Vagner Sanagiotto

O psicodiagnóstico e a formação à vida religiosa consagrada e presbiterial

EDITORA VOZES

Petrópolis

2025, Editora Vozes Ltda.
Rua Frei Luís, 100
25689-900 Petrópolis, RJ
www.vozes.com.br
Brasil

Todos os direitos reservados. Nenhuma parte desta obra poderá ser reproduzida ou transmitida por qualquer forma e/ou quaisquer meios (eletrônico ou mecânico, incluindo fotocópia e gravação) ou arquivada em qualquer sistema ou banco de dados sem permissão escrita da editora.

Conselho Editorial

Diretor
Volney J. Berkenbrock

Editores
Aline dos Santos Carneiro
Edrian Josué Pasini
Marilac Loraine Oleniki
Welder Lancieri Marchini

Conselheiros
Elói Dionísio Piva
Francisco Morás
Teobaldo Heidemann
Thiago Alexandre Hayakawa

Secretário executivo
Leonardo A.R.T. dos Santos

Produção editorial
Aline L.R. de Barros
Anna Catharina Miranda
Eric Parrot
Jailson Scota
Marcelo Telles
Mirela de Oliveira
Natália França
Priscilla A.F. Alves
Rafael de Oliveira
Samuel Rezende
Verônica M. Guedes

Editoração: Piero Kanaan
Diagramação: Editora Vozes
Revisão gráfica: Alessandra Karl
Capa: Kaylane Candian

ISBN 978-85-326-7047-2

Este livro foi composto e impresso pela Editora Vozes Ltda.

Nem sempre sou igual no que digo e escrevo.
Mudo, mas não mudo muito.
A cor das flores não é a mesma ao sol
De que quando uma nuvem passa
Ou quando entra a noite
E as flores são cor da sombra.

Mas quem olha bem vê que são as mesmas flores.
Por isso quando pareço não concordar comigo,
Reparem bem para mim:
Se estava virado para a direita,
Voltei-me agora para a esquerda,
Mas sou sempre eu, assente sobre os meus pés –
O mesmo sempre, graças ao céu e à terra
E aos meus olhos e ouvidos atentos
E à minha clara simplicidade de alma...

Fernando Pessoa

Agradecimentos

Ao Comissariado Geral dos Carmelitas do Paraná,
que disponibiliza o tempo necessário para os meus estudos.

A Aureliano Pacciolla,
pela amizade,
fraternidade
e incentivo às pesquisas.

A José Araújo Filho,
pela dedicação e disponibilidade
na correção da língua portuguesa.

Sumário

Lista das janelas interativas 11
Apresentação 13
Introdução 17

I – É possível medir uma vocação?: *Uma perspectiva histórica do discernimento vocacional como objeto de pesquisa em psicologia (1930-1965)* 21
   A relação entre o cristianismo e a psicologia no discernimento vocacional. 23
      O Magistério da Igreja e o discernimento "científico" da vocação 25
      O uso de instrumentos psicológicos no discernimento vocacional 28
   O uso dos instrumentos da psicologia e o discernimento caracterológico das vocações 34
      A utilização de testes psicológicos no discernimento vocacional 36
      Critérios psicológicos para o discernimento vocacional. . 40
   Síntese conclusiva 43

II – O psicodiagnóstico na perspectiva vocacional..........47
A busca por um modelo de psicodiagnóstico...........52
Quando sugerir o psicodiagnóstico na perspectiva vocacional?..59
As implicações éticas do psicodiagnóstico.............65
O psicodiagnóstico na perspectiva vocacional.............71
O psicodiagnóstico e a vocação: *perspectivas*...........72
O psicodiagnóstico e a vocação: *conteúdos relevantes*....77
Síntese conclusiva......................................79

III – O psicodiagnóstico da experiência religiosa problemática no contexto clínico........................83
A constatação de um fato: a religião e a espiritualidade no contexto clínico..85
Quando a experiência religiosa se torna um problema clínico..88
Pressupostos teóricos para um diagnóstico diferencial...89
O perfil diagnóstico: a emergência espiritual...........91
A dimensão espiritual: do contexto clínico ao contexto formativo......................................93
Psicopatologia existencial: *a questão da falta de sentido*..96
Religiosidade e sentido da vida em um grupo de religiosos consagrados..98
Experiência religiosa e a rigidez psíquica............100
Síntese conclusiva.....................................104

IV – O psicodiagnóstico na perspectiva do desenvolvimento existencial............................107
O psicodiagnóstico e o processo de autoconhecimento.114
O indivíduo e seu contexto: as duas faces do planejamento psicodiagnóstico.....................116
Identificar as diferenças individuais a partir do contexto..120
Um psicodiagnóstico que parte da vida e dá perspectiva à existência..125
O diagnóstico na perspectiva generalizável...........125
O diagnóstico na perspectiva da especificidade........128
Aspectos motivacionais no planejamento do psicodiagnóstico..130
A narração como processo interpretativo.............133
O sentido planejador do psicodiagnóstico............136

V – A formação e a prevenção às psicopatologias no contexto eclesial 139

   Pressupostos teóricos para uma psicologia preventiva 142
      Prevenção e saúde mental: critérios de classificação 143
      A prevenção primária e a saúde mental 146
      A prevenção no contexto formativo 150
   O psicodiagnóstico na perspectiva vocacional: *despertar o sentido da vocação* 156
      O psicodiagnóstico e a história de vida na perspectiva vocacional 158
      A psicopatologia e o contexto relacional 160
      Acolher a dificuldade do irmão/ã de caminhada 163
   O problema psicológico e a possibilidade de crescimento humano e vocacional 168
      O mal-estar psicológico como "oportunidade" de sentido 170
      A formação permanente em tempos difíceis 171

Referências 173

LISTA DAS JANELAS INTERATIVAS

Janela interativa 1 – O Magistério do Papa Pio XII e a Psicologia, 32
Janela interativa 2 – Atualizando: elementos básicos da definição de testes psicológicos, 45
Janela interativa 3 – Pensando no conceito de psicodiagnóstico, 50
Janela interativa 4 – Escolha dos instrumentos e das técnicas no psicodiagnóstico, 58
Janela interativa 5 – Análise da demanda, 63
Janela interativa 6 – A ética profissional no psicodiagnóstico, 69
Janela interativa 7 – Aspectos éticos na realização da avaliação psicológica, 81
Janela interativa 8 – Devolução das informações do psicodiagnóstico, 110
Janela interativa 9 – Objetivos de uma avaliação psicológica clínica, 124
Janela interativa 10 – Termos comuns usados para definir a prevenção à saúde mental, 141
Janela interativa 11 – Métodos de intervenção, 154
Janela interativa 12 – A prevenção à síndrome de burnout, 166

Apresentação

Vagner Sanagiotto já tem várias obras publicadas na área da psicologia e da formação à vida religiosa consagrada e presbiteral. Destaca-se pelos textos bem documentados e pela sagacidade de análise. Temos aqui mais uma obra sua, que vem ao encontro de uma necessidade recorrente para quem trabalha na formação e no cuidado, especialmente dos/as vocacionados/as. Útil também para todos os interessados em conhecer a complexidade da vida humana.

De que trata o livro? O livro se ocupa em destrinchar a complexa problemática relativa ao discernimento daquilo que provoca sofrimentos psicológicos e à importância de se ter um psicodiagnóstico. O livro propõe um elenco de males psíquicos e uma análise das suas possíveis causas, apontando caminhos de tratamento, mas com um diferencial, o de se fazer um psicodiagnóstico que não só se preocupe em diagnosticar, mas que vise abrir portas para um futuro, isto é, olhar para as problemáticas humanas numa perspectiva de crescimento e não apenas de tratamento!

No primeiro capítulo, temos um apanhado histórico (1930-1965) do início da contribuição da psicologia, que foi se introduzindo no espaço do processo formativo. Ainda que embrionariamente, já oferece, por meio de testes vocacionais, uma ajuda no discernimento da vocação à vida religiosa consagrada e presbiteral.

O capítulo II mostra a importância crescente dos estudos empíricos baseados em pesquisas na área vocacional, que permitem estabelecer alguns critérios para a elaboração de um psicodiagnóstico adequado, levando-se em consideração a quem se destina e as questões éticas envolvidas. Trata-se de aspectos teóricos e práticos.

No capítulo III, temos uma abordagem relativa ao psicodiagnóstico da experiência religiosa no contexto clínico, tendo presentes os critérios elencados no *Manual Diagnóstico e Estatístico de Transtornos Mentais* (DSM), que é o principal manual da psiquiatria norte-americana, muito usado em quase todos os países, mesmo havendo o CID, que é o seu correspondente da Organização Mundial da Saúde (OMS). Diga-se, de passagem, que nas primeiras versões desses manuais, não se tinha um elenco de critérios para diagnosticar problemas relativos ao campo "religioso e espiritual". Agora, o DMS os codifica sob o título de "problema religioso ou espiritual" (Z65.8). Aqui, Vagner faz uma análise da importância de se valer dessa contribuição da psiquiatria quando se trata de ajuda e cuidados com a saúde mental dos/as religiosos/as consagrados/as e dos presbíteros, quando afetados por doenças psíquicas, destacando a importância de oferecer o restabelecimento para uma qualidade de vida digna.

O capítulo IV se ocupa especialmente do psicodiagnóstico na perspectiva do desenvolvimento existencial. Há uma amostra de problemáticas recorrentes nos grupos religiosos e as perguntas que tais situações despertam. Como analisá-las e tratá-las, para oferecer uma qualidade de vida que possibilite o desempenho da missão confiada, dentro de parâmetros razoáveis? O capítulo oferece análise e sugestões úteis diante desses desafios.

O capítulo V se preocupa em apresentar "a formação e a prevenção das psicopatologias no contexto eclesial", propondo dois caminhos importantes: "evitar e conter a incidência de transtornos mentais e o sofrimento psicossocial; e promover a saúde mental enquanto qualidade de vida". Tudo isso visando uma maior vivência da vocação e um sentido para a vida.

Até então procurei fazer uma breve síntese dos assuntos tratados no livro; gostaria de destacar agora que o leitor encontrará aqui um texto bem fundamentado e estruturado, não em base de "achismos", mas com bases científicas. Os capítulos se sucedem um complementando o outro, numa sequência que permite uma compreensão da problemática abordada e de sua complexidade.

Tenho certeza de que o leitor se enriquecerá muito em seus conhecimentos e, ao mesmo tempo em que se depara com uma problemática muito atual, encontrará pistas para seu enfrentamento. O livro não tem destinatário definido, ele é aberto a qualquer interessado no conhecimento das problemáticas aqui analisadas, mas certamente é muito útil para quem tem a missão de ajudar pessoas em sofrimento psíquico. É também um subsídio importante para os que trabalham na formação de vocacionados à vida religiosa consagrada e presbiteral, como também à formação permanente.

No ambiente eclesial, hoje, há uma procura grande por ajuda para as questões que afetam a vida psíquica de seus membros. Temos conhecimento de tantos casos dolorosos ocorridos. Por isso, é muito importante termos instrumentos que nos permitam enfrentar esses desafios, sem preconceitos, e dispormos de profissionais qualificados quando as situações exigem. Ninguém está salvo de incorrer em doenças psíquicas, que geram sofrimentos. Todos somos humanos e expostos a situações estressantes que exigem sempre mais cuidados especializados para enfrentar essas problemáticas. Diz o ditado que "é melhor prevenir antes que aconteça do que remediar depois". Por isso uma atitude de abertura e de esforço conjuntos para vencer os males que nos atingem é questão de bom senso e sabedoria. Este livro oferece subsídios nesse campo complexo da vida humana. Deixo aqui um agradecimento ao Vagner por essa sua dedicação em escrever livros sobre o assunto. O livro é um bem que compartilha saberes e sabedoria. Obrigado, Vagner, por distribuir saberes e sabedoria.

Pe. Deolino Pedro Baldissera, sds

Introdução

Recentemente, organizei a publicação de um livro sobre a formação humana no contexto da vida religiosa consagrada e presbiteral (Sanagiotto, 2024), no qual proponho um caminho pedagógico/formativo para ajudar os formadores e/ou psicólogos a formar a dimensão humana dos seminaristas e dos/as religiosos/as consagrados/as, partindo do chamado de Deus à fidelidade vocacional. Já com uma abordagem direcionada à psicopatologia nos contextos da vida religiosa consagrada e presbiteral, foi publicado um livro sobre a saúde mental no contexto formativo à vida religiosa consagrada e presbiteral, em que procuro responder à pergunta: quando temos confrades, irmãs, presbíteros que foram diagnosticados com "problemas psicológicos", como podemos ajudar? Tudo isso com um claro objetivo, isto é, de incentivar um permanente discernimento dos eventos que acontecem conosco em uma perspectiva vocacional que conduza, cada vez mais, à fidelidade vocacional (Crea; Sanagiotto, 2024).

Estava, já há alguns anos, trabalhando na elaboração de um guia que ajudasse a entender o uso e a função da avaliação psicológica (psicodiagnóstico) no contexto da vida religiosa consagrada e presbiteral. Com a publicação deste livro, foi dado um passo importante na sistematização de um conteúdo de base que ajude o profissional psicólogo, mas diria que, principalmente, os/as formadores/as e os responsáveis pela formação a organizarem projetos formativos partindo das características de personalidade dos/as vocacionados/as que hoje batem às portas dos nossos conventos e seminários.

No livro ofereço ao leitor uma convergência entre a teoria e a prática. Por isso, ao longo dos capítulos, nos referimos, diversas vezes, a exemplos vindos da cotidianidade dos contextos formativos eclesiais. O fio condutor que une os diversos capítulos deste livro é de uma abordagem psicoeducativa (formativa), que parte dos pressupostos teóricos que sustentam o psicodiagnóstico, passa pela análise de dados recolhidos em um procedimento técnico/profissional que levará aos resultados e aos encaminhamentos psicológicos, para chegar ao despertar dos pressupostos formativos à vida religiosa consagrada e presbiteral.

Mas quais são os principais objetivos deste livro? O primeiro deles é traçar um caminho conceitual no qual podemos organizar, sistematicamente, um conjunto de ideias sobre o psicodiagnóstico no contexto eclesial, partindo da perspectiva histórica. O segundo objetivo parte da proposta de que os resultados do psicodiagnóstico podem ser integrados ao projeto de desenvolvimento humano e vocacional. Entre as tantas funções do psicodiagnóstico, em se tratando do contexto religioso, não poderíamos deixar de abordar a temática da "*experiência religiosa problemática*", nosso terceiro objetivo. Enfim, no quarto objetivo, nos dedicamos à sistematização de um conjunto de conceitos que faça emergir as potencialidades presentes no processo de psicodiagnóstico, em uma perspectiva de prevenção às psicopatologias e na promoção da saúde mental, mas também no crescimento humano e vocacional.

Este livro foi organizado em cinco capítulos. No primeiro capítulo, analisamos, historicamente, o discernimento vocacional como "objeto" de pesquisa da psicologia (1930-1965). Consideramos, em nossa pesquisa, três pontos fundamentais para abordar a temática: no primeiro, analisamos a relação entre a perspectiva cristã e o discernimento "científico" das vocações; no segundo, fizemos uma reflexão sobre a aceitação e o uso dos testes psicológicos no discernimento vocacional à vida religiosa consagrada e presbiteral; no terceiro, elencamos os critérios para o discernimento vocacional no período estudado. Dessa análise, chegamos às seguintes conclusões: (a) o discernimento "científico" das vocações à vida religiosa consagrada e presbiteral foi feito, em um primeiro momento, na perspectiva da higienização mental; (b) foram usados os instrumentos da psicologia com objetivo de prevenir, para decidir se um vocacionado/a seria ou não perseverante na vocação; (c) o uso do discernimento psicológico das vocações no âmbito eclesiástico procurou elencar critérios que permitissem clarificar a presença ou não de uma vocação.

No segundo capítulo, em se tratando do contexto eclesial, o psicodiagnóstico tem sido uma prática cada vez mais recorrente. Nos últimos anos, principalmente motivado pelas pesquisas de caráter empírico, se têm demonstrado os benefícios do conhecimento aprofundado das questões psíquicas que envolvem os/as vocacionados/as, os/as religiosos/as consagrados/as e os presbíteros. Neste capítulo, indicamos alguns fatores relevantes que nos ajudam a entender: (a) a definição de um modelo psicodiagnóstico; (b) quando o psicodiagnóstico é recomendado e para quem; (c) como lidar com as questões éticas na devolução dos resultados obtidos no psicodiagnóstico; (d) por fim, propomos uma definição conceitual para a temática do psicodiagnóstico na perspectiva vocacional.

No terceiro capítulo, detivemo-nos no estudo da experiência religiosa problemática. O objetivo do capítulo se concentrou em apresentar a compreensão do DSM em relação à religião e à espiritualidade no contexto clínico. Para fazer isso, baseamos a nossa análise no código Z65.8 (*"problema religioso ou espiritual"*), de um ponto de vista histórico, teórico e clínico. Por um lado, ao colocar a religião e a espiritualidade em uma categorização cultural, os autores do DSM estabeleceram uma solução para o debate sobre o significado da religião e da espiritualidade na prática clínica. Em se tratando da experiência religiosa no contexto eclesial, o psicodiagnóstico, na perspectiva vocacional, precisa considerar outros fatores igualmente importantes. Entre eles, analisar o limite entre a experiência religiosa problemática e a vivência vocacional.

No quarto capítulo, detivemo-nos em responder a perguntas tais como: temos um problema específico na nossa diocese ou congregação religiosa, como posso desenvolver uma intervenção que ajude no crescimento humano e vocacional dos nossos padres, religiosos/as? Percebo que estou repetindo o mesmo comportamento problemático, o que posso fazer para mudar? São dúvidas que frequentemente demonstram a dificuldade de integrar os diversos recursos formativos, passando, inclusive, por um processo de diagnóstico que nomine o mal-estar observado. Neste capítulo, desenvolvemos a ideia de que é possível proceder a um psicodiagnóstico que vá além da descrição dos problemas psicológicos. Partimos do pressuposto de que o psicodiagnóstico pode ativar os recursos do desenvolvimento presentes em cada vocacionado/a, religioso/a consagrado/a ou presbítero. De fato, entre as tantas funções do psicodiagnóstico, encontramos aquela de indicar como alguém se tornou aquilo que é. Na base de tal afirmativa, é possível ler dois aspectos importantes: o primeiro diz respeito às características individuais; o segundo diz respeito ao contexto (eclesial, inclusive), realidade em que cada um cresce e se desenvolve humana e vocacionalmente.

No quinto capítulo, abordamos os passos significativos que foram dados no cuidado e na prevenção da saúde mental entre os/as religiosos/as consagrados/as e os presbíteros. Desse modo, partindo dos resultados das pesquisas, indicamos alguns pressupostos formativos que contribuem para a prevenção às psicopatologias no contexto eclesial. Basicamente, proponho que o cuidado com a saúde mental dos/as religiosos/as consagrados/as e dos presbíteros passe por dois aspectos importantes: (a) evitar e conter a incidência de transtornos mentais e o sofrimento psicossocial; (b) promover a saúde mental enquanto qualidade de vida. Tais pressupostos nos colocam em uma direção fundamental, isto é, que o psicodiagnóstico se desenvolva em uma perspectiva formativa que desperte o sentido da vida e da vocação.

Vagner Sanagiotto

I
É POSSÍVEL MEDIR UMA VOCAÇÃO?

Uma perspectiva histórica do discernimento vocacional como objeto de pesquisa em psicologia (1930-1965)

Resumo do capítulo: este capítulo tem como objetivo analisar, historicamente (1930-1965), o uso dos instrumentos da psicologia no discernimento vocacional. A pesquisa considerou três pontos fundamentais para abordar a temática: no primeiro, foi analisada a relação entre a perspectiva cristã e o discernimento "científico" das vocações; no segundo, foi feita uma reflexão sobre a aceitação e o uso dos testes psicológicos no discernimento vocacional à vida religiosa consagrada e presbiteral; no terceiro, foram elencados os critérios para o discernimento vocacional no período estudado. Dessa análise pode-se indicar as seguintes conclusões: (a) o discernimento "científico" das vocações à vida religiosa consagrada e presbiteral foi feito, em um primeiro momento, na perspectiva da higienização mental; (b) foram usados os instrumentos da psicologia com objetivo de prevenir se um vocacionado/a seria ou não perseverante na vocação; (c) o uso do discernimento psicológico das vocações no âmbito eclesiástico procurou elencar critérios que permitam clarificar a presença ou não de uma vocação.

Palavras-chave: discernimento vocacional, psicologia, teologia, testes psicológicos, Concílio Vaticano II.

O discernimento é uma prática recorrente dentro da tradição cristã, especialmente o discernimento vocacional que, no transcorrer do tempo, foi conceitualizado de diversas maneiras, entre as quais nos dedicaremos à perspectiva psicológica (Crea; Sanagiotto, 2024). Em outras palavras, pretendemos estudar, historicamente, o discernimento vocacional à vida religiosa consagrada e presbiteral, segundo os critérios e o uso dos instrumentos psicológicos. Com isso, não excluímos o papel mediador dos outros fatores envolvidos no discernimento vocacional, visto que são esses que dão legitimidade institucional a esse chamado (Pio, 1956).

Ao longo do século passado, o uso da psicologia no contexto formativo foi marcado por uma relação delicada, mas fecunda (Sanagiotto, 2020). No amplo debate que se desenvolveu sobre essa questão, no qual posições diversas foram defendidas, encontramos a vocação à vida religiosa consagrada ou presbiteral como um ponto de convergência. No processo de consolidação da atuação do psicólogo no contexto formativo, observamos que as pesquisas buscavam por critérios psicológicos que ajudassem a distinguir entre: (a) os sinais indicativos de uma vocação, entendida como chamado de Deus; e (b) a presença de uma provável psicopatologia naqueles que aspiravam à vida religiosa consagrada e presbiteral. De fato, historicamente, é possível identificar a elaboração de um conhecimento científico, capaz de discernir a vocação, porém, diferenciado da compreensão teológica, justamente para evitar confusão de papéis e de formas de intervenção. Tal compreensão contribui para evitar a terceirização do acompanhamento formativo dos candidatos à vida religiosa consagrada e presbiteral.

Como referência histórica que nos introduz na temática abordada ao longo deste livro, o desenvolvimento e a consolidação do discernimento vocacional como objeto de estudo da psicologia, indicamos o período histórico entre os anos de 1930 e 1965. Propomos esse recorte histórico, por um lado, tendo como referência inicial os artigos publicados nesse período; por outro lado, como ponto de chegada, consideramos o Concílio Vaticano II, quando se inseriu, oficialmente, a psicologia como instrumento para ser usado no processo formativo (Concílio Ecumênico Vaticano II, 1966), caso necessário.

Neste capítulo, pretendemos investigar como se desenvolveu o discernimento vocacional dos candidatos à vida religiosa consagrada e presbiteral na perspectiva da psicologia. Como linhas orientadoras, buscaremos compreender, num primeiro momento, como se deu a aproximação do Magistério da Igreja ao "conhecimento científico" para discernir as vocações; no segundo momento, indicaremos como foram admitidos os testes psicológicos para discernir as vocações à vida religiosa consagrada e presbiteral. Em outros termos, nos propomos as perguntas: Quais foram os instrumentos psicológicos que ajudaram no discernimento das vocações? Como se buscou saber se uma vocação era um chamado de Deus? É possível "medir" uma vocação?

A relação entre o cristianismo e a psicologia no discernimento vocacional

A relação entre a psicologia e a formação à vida religiosa consagrada e presbiteral deve ser inserida dentro da temática mais ampla inerente à relação entre a psicologia e a teologia. O diálogo entre essas duas formas de saber nem sempre foi fácil, porque elas apresentam pontos de convergência, mas também pontos de divergência (Sanagiotto, 2020). O desenvolvimento de uma disciplina moderna como a psicologia fez com que muitos religiosos/as consagrados/as e presbíteros procurassem aplicá-la no âmbito da formação, gerando uma nova compreensão do caminho formativo, em que muitos passos foram dados, mas também houve muitos abusos (Giordani, 1998).

Quando a formação à vida religiosa consagrada e presbiteral começou a ser estudada à luz da psicologia, a psicanálise se consolidava no Ocidente como pensamento estruturado (Goya, 1999). A história da relação entre a Teologia e a Psicanálise é um exemplo de como o pensamento católico, inicialmente, sobrepôs essas duas disciplinas. A reflexão sobre a estruturação do inconsciente desenvolvida por Freud trazia uma mudança profunda na compreensão sustentada pela antropologia cristã[1]. O debate teológico sobre a psicanálise não se limitou ao nível teórico – haveria ou não a possibilidade de integração entre as duas formas de saber –, mas entrou na prática, ou seja, questionou-se se é admissível que um católico recorresse à terapia de orientação psicanalítica (Felici, 1952).

A aceitação da psicologia na formação à vida religiosa consagrada e presbiteral requereu um longo tempo, estabelecendo-se, lentamente, ao longo do século passado: tratava-se não somente do uso de um método, mas de acolher uma nova forma de saber que trazia uma compreensão diferente do ser humano (Pio XII, 1958). Nessa perspectiva, a relação entre a ciência do psiquismo e o Magistério da Igreja foi construída por meio de várias formas de proteção intelectual do conhecimento teológico, mas, por vezes, por meio de ameaças e sanções contra a psicologia como uma nova disciplina (Sacra Congregatio S. Officii, 1961).

Entre as várias possibilidades com a qual a psicologia estabeleceu conexão com o contexto formativo, encontramos o discernimento. O polêmico percurso histórico do discernimento como objeto de pesquisa da psicologia, no contexto da formação à vida religiosa consagrada e presbiteral, permite-nos compreender como essa nova disciplina contribuiu para tornar mais clara a vocação por meio de critérios próprios e específicos (Bier, 1954). Exemplo disso são as inúmeras pesquisas que sustentam que o uso da psicologia no contexto formativo se justifica devido à complexidade da dimensão vocacional. Em outros termos, os motivos que levam alguém a seguir a vida religiosa consagrada ou presbiteral não são simples e nem todos de natureza divina, embora se solicite que os aspectos sobrenaturais prevaleçam.

Apesar do desencontro teórico entre a psicologia e a religião, a proximidade dos pesquisadores católicos com a teoria psicanalítica fez com que esses compreendessem que a vida religiosa consagrada

---

1. Nessa perspectiva, a vocação era apresentada como uma "sublimação" da energia sexual original, que era desviada e direcionada para objetos superiores ou atividades sociais que satisfaziam e descarregavam indiretamente o impulso sexual.

e presbiteral – pelo menos no imaginário coletivo – oferece elementos de segurança externa que servem de atrativo, principalmente para aqueles que são guiados pela insegurança psicológica ou pelo sofrimento psíquico (Nodet, 1950). A vocação à vida religiosa consagrada e presbiteral, além do lugar onde se responde ao chamado de Deus, pode seduzir pelos seus aspectos excepcionais: as vestes religiosas, os protótipos espirituais, a representatividade social etc. Nesse sentido, a colaboração da psicologia/psicanálise permitiu traçar o perfil, com as riquezas, as motivações, para entender se uma vocação era guiada por motivações religiosas ou apenas pelo impulso de um provável sofrimento psíquico.

Pode-se dizer, sem dúvida, que as motivações psicológicas influenciam, inevitavelmente, a escolha vocacional e isso tornou o discernimento também objeto de pesquisa da psicologia (Lemoine, 2002). Além disso, o ingresso da psicologia no contexto formativo ajudou a compreender se determinado candidato à vida religiosa consagrada ou presbiteral teria as condições psicológicas necessárias para viver a vocação escolhida. Enfim, as pesquisas indicam que a relação entre psicologia e a formação à vida religiosa consagrada e presbiteral foi construída sob a égide de evitar erros de discernimento (Plé, 1950). Porém, uma coisa é certa: no período histórico estudado (1930-1965), os pesquisadores deixavam claro que a psicologia não pretendia discernir a vocação propriamente dita, no sentido sobrenatural, mas constituir um suporte eficaz para o conhecimento do funcionamento da personalidade (Bier, 1954).

O Magistério da Igreja e o discernimento "científico" da vocação

Entre as diversas mudanças de época, principalmente nos momentos de renovação, a formação à vida religiosa consagrada e presbiteral é um setor crucial para o *aggiornamento* da Igreja. Na aurora e no desenvolvimento do Concílio Vaticano II, no pontificado de Pio XII e, mais ainda, no pontificado de João XXIII, foi promovida uma renovação cuidadosa do percurso formativo vocacional.

Os motivos da renovação não foram apenas dirigidos à atualização formativa, mas, principalmente, motivados por dificuldades de diversas naturezas que se multiplicavam em meio ao clero, minando a dignidade do *corpus* eclesiástico e exigindo uma nova postura do Magistério Eclesial, que se esforçou para introduzir novos rumos à formação, em particular ao discernimento vocacional.

No pontificado do Papa Pio XI (de 1922 a 1939), surgiu uma preocupação especial pela seleção dos candidatos à vida religiosa consagrada ou presbiteral (Sacra Congregatio de Religiosis, 1931)[2]. O conhecimento, por parte da Igreja, dos problemas presentes no *corpus* eclesial e a hipótese de que esses decorriam de "doenças mentais" (além dos problemas morais e das consequências sobre o comportamento individual e social) aumentaram o desejo de desenvolver um conjunto de ações eficazes que evitassem o ingresso de vocacionados/as com algum tipo de problema psicológico no percurso formativo. A ação enfatizou a "higienização mental" com foco na prevenção às psicopatologias[3]. Por exemplo, o Código de Direito Canônico promulgado por Bento XV, no ano de 1917, instruía precisamente sobre as condições para examinar os candidatos que indicassem algum tipo de impedimento à ordenação presbiteral, do qual elencamos apenas as consideradas "psicopatologias": epilepsia (*epilepsia*), loucura (*vel amentes*) e possessão (*vel a daemone possessi*) (Benedicti XV, 1917). Deve-se mencionar, inclusive, as linhas de pensamento dentro do Direito Canônico que propunham a presença de alguns padres em dioceses com conhecimentos na área da psicanálise/psicologia para ajudar no discernimento vocacional (Cossa, 1951).

---

2. Lembramos que, num primeiro momento, o pensamento do Papa Pio XI foi que todos os exames psicológicos (entendidos como "ciência profana") dos candidatos à vida religiosa e sacerdotal deviam ser cancelados porque a vocação é uma obra sobrenatural (Pio XI, 1959).

3. O termo higiene mental foi usado pela primeira vez em 1853 pelo americano William Sweetser (1797-1875), professor de medicina da Universidade de Vermont, nos Estados Unidos. Por higiene mental entendemos o campo médico de identificação e tratamento do indivíduo em sofrimento mental.

Se o Código de Direito Canônico determinava os requisitos mínimos para a validação de uma ordenação presbiteral, os documentos pontifícios insistiam que não bastava a ausência de defeitos graves, mas a presença de sinais vocacionais positivos. Nessa linha de pensamento, a questão da seleção dos candidatos à vida religiosa consagrada e presbiteral tornou-se a "pedra angular" da Igreja pré--Concílio Vaticano II, a qual começava a se aproximar dos conhecimentos vindos da pesquisa em nível científico. Mudanças foram feitas na compreensão da natureza vocacional, mas igualmente no uso de ferramentas que ajudassem a estabelecer a demarcação entre o normal e o patológico (Lhermitte, 1951).

Questionando-se sobre a possibilidade de submeter ao exame psiquiátrico os candidatos à vocação presbiteral especificamente no ano de 1924, o Cardeal Eugênio Pacelli, no exercício das funções de Secretário de Estado do Vaticano, pediu ao médico Octave Pasteau[4] um parecer sobre essa possibilidade, e este nomeia o psiquiatra Jean Lhermitte para escrever uma resposta ao Cardeal Pacelli.

Com uma pesquisa tipicamente eclética, Lhermitte combinou abordagens hereditárias, orgânicas e psicológicas para entender a origem da "doença mental". Segundo o autor, os problemas mentais encontram sua origem nas "tendências", nos "instintos" e na "constituição" do psiquismo pessoal "perceptíveis já na infância e na adolescência" (Segreteria di Stato del Vaticano, s.d.). O argumento da predisposição ao adoecimento mental justificava a investigação científica que evidenciasse a *herança* psíquica do candidato ao sacerdócio (Segreteria di Stato del Vaticano, s.d., ff. 81r.), que, segundo o autor, é a principal causa do adoecimento mental.

A tarefa da psicologia, conforme salienta Lhermitte, é definida como "o estudo do caráter, da afetividade e do humor" (Segreteria

---

4. Médico muito ativo na pesquisa sobre a saúde mental dos padres. Foi presidente da *Société médical de Saint-Luc, Saint-Côme e Saint-Damien;* no ano de 1924, o Dr. Octave Pasteau organizou, por iniciativa do Papa Pio XI, um secretariado central das sociedades nacionais dos médicos católicos.

di Stato del Vaticano, s.d., ff. 83r.). A peculiaridade da abordagem é que a psicologia foi inserida no âmbito da medicina, ideia essa defendida por todo um círculo de estudiosos que marcaram uma época (Lhermitte; Delay; Parcheminey, 1943). Após essa introdução sistêmica da disciplina, Lhermitte aborda o tema da sexualidade, que ele chamou de "o problema que pode ser o mais importante" (Segreteria di Stato del Vaticano, s.d., ff. 84r.). A "hiperatividade sexual", segundo o autor, teria uma origem orgânica, que poderia ser revelada já na infância. O conselho de Lhermitte era o de evitar esses problemas já no início da formação à vida presbiteral.

O uso de instrumentos psicológicos no discernimento vocacional

As sugestões do psiquiatra francês foram uma primeira tentativa do Magistério da Igreja de prevenir, por meio da abordagem científica, a recepção, no interior de suas estruturas formativas, de vocacionados/as à vida religiosa consagrada e presbiteral que pudessem apresentar problemas relacionados à saúde mental (McCarthy, 1958). O intercâmbio de saberes entre a psiquiatria e a teologia, especificamente na seleção dos/as vocacionados/as, fez com que o Cardeal E. Pacelli, que seria o futuro Papa Pio XII, considerasse a psicologia/psicanálise – e não apenas a medicina – como uma abordagem que poderia ser usada no processo de compreensão da saúde mental daqueles que se sentiam chamados por Deus (Desmazières, 2011).

Depois que o Cardeal Pacelli foi eleito papa, seu interesse em identificar os sintomas psicopatológicos que poderiam impedir a ordenação presbiteral serenou. Sua atenção se voltou ao celibato. Com a publicação da Encíclica *Menti Nostrae*, em 1950, Pio XII atribui ao celibato eclesiástico o maior dom da vocação presbiteral (Pio XII, 1950). Entre os assuntos abordados, identificamos o convite a qualificar a seleção dos/as vocacionados/as: "mas devemos sempre examinar com diligência cada um dos aspirantes ao sacerdócio, para ver com que intenções e por que causas tomaram esta decisão [...]. Por isso, as qualidades físicas dos candidatos devem ser examinadas com particular atenção, recorrendo, se necessário, ao exame de um médico prudente" (Pio XII, 1950, p. 551).

A encíclica de Pio XII, segundo o pesquisador Labor, foi entendida como uma necessidade de prestar atenção às "doenças mentais e neuroses. Por isso, é oportuno voltarmos a nossa atenção [...] em particular para o estado psicológico dos nossos jovens" (Labor, 1952, p. 80). Para discernir os possíveis diagnósticos neuróticos foi recomendado um cuidadoso exame biotipológico, buscando compreender, entre outros sintomas, as manifestações instintivas, afetivas e intelectuais.

Poucos meses depois da publicação da Encíclica *Menti Nostrae*, foi realizado em Roma, no ano de 1950, o *Congressus generalis de statibus perfectionis*. Apesar da pluralidade de interpretações feitas sobre a encíclica, esta foi objeto de debate entre os participantes do congresso. De fato, o argumento sobre a possível origem neurótica de algumas vocações para a vida religiosa consagrada ou presbiteral foi claramente admitido entre os participantes. Uma das intervenções feitas propôs que "não é raro encontrar jovens que se inclinam para a vida religiosa pelo que chamamos, em termos psicológicos, de 'sentimento de culpa'. Esses jovens abraçam a vida religiosa como forma de acalmar as angústias do superego" (Sacra Congregatio de Religiosis, 1952b, p. 583).

Os participantes do congresso expressaram a sua preocupação com a seleção dos candidatos à vida religiosa consagrada. A psicologia, por sua vez, já contribuía há vários anos, por meio de uma teoria consistente, com o desenvolvimento de testes psicológicos para o conhecimento da estrutura da personalidade e com a prática psicoterapêutica nos seminários (Sacra Congregatio de Religiosis, 1952c). A partir das intervenções realizadas pelos psicólogos no *Congressus generalis*, é possível reconhecer a indicação do uso da psicologia empírica, que coletava dados em grupos eclesiásticos e os transformava em perfil vocacional, ou seja, as pesquisas elaboradas indicavam características vocacionais no presente, visando à seleção futura dos candidatos à vida religiosa consagrada e presbiteral (Sacra Congregatio de Religiosis, 1952a).

A partir do *Congressus generalis de statibus perfectionis*, os participantes expressaram o desejo da integração da avaliação psicológica na seleção dos candidatos à vida religiosa consagrada, embora as pesquisas na área psicológica já o fizessem, conforme veremos adiante. O psicólogo italiano Claudio Busnelli ficou encarregado de pesquisar quais testes seriam indicados para a seleção dos candidatos (Desmazières, 2011). Para ele, o discernimento feito com os testes psicológicos faz uma apreciação vocacional, mas não uma seleção de candidatos, sendo essa reservada aos formadores (Busnelli, 1955).

A compreensão dos congressistas sobre a seleção dos candidatos à vida religiosa consagrada e presbiteral propunha a exclusão daqueles que foram diagnosticados com provável "doença mental", com a justificativa de evitar problemas posteriores. De fato, a intervenção de Agostino Gemelli no *Congressus generalis* indicou a importância de:

> [...] observar que, se nesta fase do desenvolvimento [adolescência] se revelam sintomas de anormalidade, escrúpulos, angustiante preocupação, é preciso ser incisivo nas decisões; esses pobres seres anormais devem ser distanciados do seminário, porque são afetados pela neurose [...]. E vão esperar que sejam transformados, por meio da formação, em sujeitos equilibrados. Eles são e sempre serão pobres neuróticos (Gemelli, 1952, p. 734).

Mesmo que o debate dentro da estrutura eclesial se desenvolvesse cada vez mais, o tema do discernimento, como objeto de pesquisa em psicologia, foi abordado de forma transversal durante o

Concílio Vaticano II (1962-1965). Entre as várias intervenções, destaca-se a de Dom Fernando Azcarate Andrade, dedicada sobretudo aos meios psicológicos para discernir a aptidão psíquica dos candidatos ao sacerdócio. Segundo Azcarate Andrade, do ponto de vista da aptidão psíquica (equilíbrio emocional), mesmo aqueles que sofrem dos chamados "conflitos psicológicos", principalmente se são de natureza sexual, não são de todo aptos para a vida presbiteral. Então, para discernir a vocação, deve-se recorrer à pesquisa científica da aptidão psicológica dos candidatos. Para conhecer a aptidão do candidato para a vida religiosa e presbiteral, Dom Andrade propõe a utilização de testes psicológicos; embora não possam descobrir a existência de uma vocação, podem indicar a "doença mental" ou qualquer outra anormalidade (Congregationes Generales CXXIII--CXXVII, 1964, p. 247-249).

Podemos concluir que, no interior da estrutura eclesial, encontramos dois movimentos importantes que nos ajudam a compreender o ingresso do discernimento como objeto de pesquisa em psicologia. O primeiro é o do diagnóstico precoce da "doença mental". Nós a encontramos no período transitório do pontificado do Papa Pio XI, isto é, desde a seleção de candidatos que obedeciam apenas a critérios teológicos – mesmo no discernimento da "doença mental" – até a seleção que passa a integrar critérios vindos do saber científico. Como uma figura significativa, mencionamos o Cardeal Eugênio Pacelli, que encorajou pesquisas voltadas para a saúde mental no *corpus* presbiteral. O segundo corresponde ao Pontificado de Pio XII, quando encontramos a mais ampla integração dos instrumentos psicológicos (testes) no processo de discernimento vocacional à vida religiosa consagrada e presbiteral. Como figura importante, citamos os participantes do *Congressus generalis de statibus perfectionis* que estimularam a transição integrativa do uso da psicologia e seus instrumentos na seleção dos candidatos ao presbiterato.

Janela interativa 1
O Magistério do Papa Pio XII e a Psicologia

Em se tratando da relação entre a psicologia e a religião, especial atenção precisa ser dada aos discursos do Papa Pio XII em que, direta ou indiretamente, fez referência à psicologia e à psicoterapia. O Magistério de Pio XII pode, de fato, ser considerado uma referência para entender o pensamento católico em torno da nascente ciência, particularmente porque:

1) Dirige-se diretamente aos envolvidos com a teoria psicológica;

2) Trata da relação entre psicologia e religião com uma metodologia sistemática;

3) Coloca no foco da atenção os problemas nucleares da psicologia a partir da antropologia e da doutrina católica, baseada fundamentalmente na doutrina tomista;

4) Valoriza positivamente a ciência psicológica, mesmo que exortando cautela em relação às implicações antropológicas e éticas de certas teorias e práticas psicológicas, particularmente a psicanálise freudiana.

Gostaríamos de abordar dois discursos de Pio XII sobre a psicologia: o Discurso aos participantes do V Congresso Internacional de Psicoterapia e Psicologia Clínica (1953) e o Discurso aos participantes do XIII Congresso Internacional de Psicologia Aplicada (1958).

1. Discurso aos participantes do V Congresso Internacional de Psicoterapia e Psicologia Clínica

(13 de abril de 1953)
(Pio XII, 1954)

Nesse discurso, uma vez que Pio XII reconhece a importância e a autonomia da pesquisa psicológica, adverte que é necessário que nela tanto no âmbito teórico quanto prático, não sejam ignoradas "as verdades estabelecidas pela razão e pela fé, nem os preceitos obrigatórios da moral" (1954, p. 67-76, n. 2). Esse discurso tem como objetivo "indicar a atitude fundamental que se impõe ao psicólogo e psicoterapeuta cristão" (1954, p. 67-76, n. 3), que se resume em que "a psicoterapia e a psicologia clínica devem sempre considerar o homem:

1) Como unidade e totalidade psíquica;
2) Como uma unidade estruturada em si mesma;
3) Como unidade social;
4) Como unidade transcendente, isto é, com tendência para Deus" (1954, p. 67-76, n. 3).

2. Discurso aos participantes do XIII Congresso Internacional de Psicologia Aplicada (10 de abril de 1958) (Pio XII, 1958).

Esse discurso do Papa Pio XII trata, fundamentalmente, de questões deontológicas no exercício profissional do psicólogo. O Sumo Pontífice responde a duas temáticas preeminentes na época: sobre a utilização dos testes psicológicos, "mediante os quais se chega a auscultar, sem escrúpulos, as profundezas íntimas da alma", e sobre "a responsabilidade moral do psicólogo, da extensão e limites dos seus direitos e deveres na utilização dos métodos científicos, quer se trate de investigação teórica quer de aplicações práticas" (1958, p. 65-82, n. 1). Essas duas questões vão ser tratadas por Pio XII, embora as compreenda num contexto mais amplo: o aspecto moral e religioso da personalidade humana. Em relação a isso, desenvolve três pontos:

1) A definição da pessoa humana do ponto de vista psicológico e moral;
2) As obrigações morais do psicólogo em relação à personalidade humana;
3) Os princípios morais fundamentais que dizem respeito à personalidade humana em psicologia.

O uso dos instrumentos da psicologia e o discernimento caracterológico das vocações

Enquanto o Magistério da Igreja procurava compreender quais seriam os impedimentos no processo para o acolhimento vocacional, a pesquisa na área da psicologia propunha o uso de alguns instrumentos psicológicos que poderiam auxiliar no discernimento vocacional. Tal recurso era proposto, principalmente, quando se deparasse com a dificuldade em interpretar se um determinado chamado vocacional vinha de Deus ou se era a manifestação de algum tipo de problema psicológico. O posicionamento dos psicólogos que pesquisavam esse argumento indicava que, diante da dúvida na seleção vocacional, não basta um ato de confiança na graça de Deus, mas a clareza da natureza dos pontos duvidosos, especialmente quando esses indicam problemas psíquicos. A questão básica é: como afirmar/medir/concluir se alguém é realmente apto à vida religiosa consagrada ou presbiteral? (Bier, 1954).

A busca pelo desenvolvimento de métodos que ajudassem no discernimento das vocações, no âmbito eclesial, coincidiu com o desenvolvimento dos testes psicológicos no âmbito da pesquisa científica[5]. Nesse sentido, os psicólogos trouxeram para o campo do discernimento vocacional o conhecimento científico/estatístico característico dos testes[6]. Essa mudança é significativa porque a vo-

---

5. Os testes psicológicos, de autoria dos franceses Alfred Binet e Théodore Simon, encontraram sucesso entre os pesquisadores americanos. Podemos definir duas orientações importantes na utilização dos testes: na primeira, a orientação psicométrica atendeu à necessidade profissional de medir a capacidade intelectual dos sujeitos: o conhecido teste de QI. Isso marcou uma época de uso na indústria e nas forças armadas; a segunda orientação é a que veio depois, foi usada no contexto clínico com o objetivo de desacelerar os problemas mentais. Falamos do *Inventário Multifásico de Personalidade de Minnesota* (MMPI), do ano de 1930. Esse foi adaptado para ser usado no contexto religioso (cf. Benkö, 1956).

6. No artigo de 1957, Giacinto D'Urso propõe um estudo preventivo do sujeito a partir de um questionário psicológico completo. O método proposto foi: (a) dever-se-ia fazer uma avaliação matemática de todas as respostas positivas e negativas; (b) analisar as respostas dadas às questões psicológicas, especialmente às mais importantes; (c) dever-se-ia considerar uma pontuação positiva (cerca de 75% da pontuação máxima possível); (d) uma vez feito isso, a aceitação de um pedido de admissão seria decidida de forma prudente e científica (D'Urso, 1957, p. 24).

cação, espaço de diálogo entre Deus que chama e o ser humano que responde, pode ser compreendida não só pela dimensão teológica, mas também pela dimensão psicológica. Em outras palavras, o uso dos instrumentos psicológicos tinha como objetivo *discernir* se uma determinada vocação era, de fato, um chamado de Deus ou apenas a manifestação de um sintoma psicopatológico. Além disso, os testes de personalidade tinham como objetivo indicar se um determinado candidato à vida religiosa consagrada e presbiteral, com determinadas características de personalidade, teria ou não condições de levar adiante o chamado de Deus dentro das estruturas formativas.

O uso de testes psicológicos, a princípio, causou incerteza, principalmente quanto à eficácia dos resultados e ao perigo da instrumentalização da seleção dos candidatos à vida religiosa consagrada e presbiteral (Plé, 1950). De fato, no seu discurso aos participantes do *XII Congresso Internazionale di psicologia applicata,* o Papa Pio XII recordou a obrigação moral da psicologia no contato com a pessoa humana: "é, pois, contrário à ordem moral que o homem, livre e conscientemente, sobreponha as suas faculdades racionais aos instintos. Quanto à aplicação de testes ou o uso da psicanálise ou qualquer outro método, torna-se imoral e deve ser rejeitada sem discussão" (Pio XII, 1958, p. 80). Apesar disso, perguntava-se a quem pertencia a decisão sobre a legitimidade vocacional.

Em termos mais amplos de compreensão sobre o uso dos instrumentos psicológicos no contexto do discernimento vocacional, para André Godin (1975), entre os anos de 1945 e 1960, os responsáveis eclesiásticos pediram, além do discernimento espiritual, um discernimento que pudesse distinguir questões relativas ao equilíbrio psíquico dos candidatos ao presbitério. A contribuição dos recursos da psicologia surge com força, especialmente os testes psicológicos. O autor divide esse período em três etapas:

1) A primeira etapa, correspondente até o ano de 1960, marcada pela influência dos pesquisadores norte-americanos, que concentram o discernimento das vocações nas contraindica-

ções psicomédicas (desequilíbrio mental, imaturidade, desvio sexual etc.) e na adaptabilidade em termos vocacionais (intelectualidade, adaptabilidade à instituição etc.) (Godin, 1975, p. 157);

2) A segunda etapa, correspondente ao período entre 1955 e 1965, em que o discernimento psicológico das vocações se concentra nas indicações positivas presentes no chamado de Deus (preferências e aptidões pessoais, adaptabilidade etc.). A implicação prática centraliza-se na garantia de que determinado candidato à vida religiosa consagrada e presbiteral irá ou não perseverar na vocação (Godin, 1975, p. 158);

3) A terceira etapa, correspondente aos anos seguintes, em que o discernimento psicológico da vocação se aproxima da sociologia. O contexto de falta de vocação e as mudanças na Igreja pós-Concílio Vaticano II exigiram que os psicólogos tivessem uma nova compreensão do discernimento das vocações (Godin, 1975, p. 158).

Na sequência, procuraremos compreender como o uso dos instrumentos psicológicos se tornou condição *sine qua non* para o discernimento das vocações. No primeiro momento, analisaremos como os testes psicológicos foram acolhidos no âmbito do discernimento vocacional, principalmente no diálogo com a cura divina diante dos processos de natureza psicológica. Em seguida, tentaremos compreender os critérios propostos para que o psicólogo pudesse discernir uma verdadeira vocação.

A utilização de testes psicológicos no discernimento vocacional

O uso dos testes psicológicos no processo do discernimento vocacional é marcado por um corpo literário que trouxe diversas conclusões relevantes. Entre as contribuições significativas para sensibilizar o "mundo" católico sobre o uso de testes psicológicos, encontramos a pesquisa empírica elaborada no ano de 1936 pelo psicólogo Thomas V. Moore (1936a, 1936b), quando abordou a temática da saúde mental entre os presbíteros e os/as religiosos/as consagrados/as. As descobertas publicadas, além de sinalizar para a importância do uso de testes psicológicos, criaram a ideia de que os presbíteros teriam características específicas de personalidade, em comparação com a totalidade da população (Gemelli, 1957). Com efeito, a pesquisa indicou que, pelo menos ao candidato ao presbiterato, era solicitada uma mudança de comportamento ao longo do percurso formativo, a ponto de incorporar as características da vocação assumida. A importância dessa descoberta é que se pode conhecer uma vocação tanto nos aspectos sobrenaturais quanto nos aspectos da personalidade.

A pesquisa realizada por M. Digna (1952) propôs que o uso dos testes psicológicos no discernimento vocacional deveria ser provisório, principalmente enquanto nesses não houvesse uma linguagem psicológica que incluísse as terminologias aplicáveis à vida religiosa consagrada e presbiteral. A autora propôs uma série de estudos sobre os testes psicológicos para auxiliar as comunidades religiosas no discernimento das vocações. O objetivo era interpretar corretamente os dados e os resultados para evitar que um indivíduo fosse admitido ou dispensado da vida religiosa consagrada com base em conclusões equivocadas, tiradas do uso inadequado do teste psicológico. Aquele que fazia o discernimento das vocações, segundo Digna, deveria usar diversas fontes de informação, que seriam consideradas em um estudo cuidadoso antes de recomendar a admissão ou a recusa do candidato ao percurso formativo. Caso o candidato fosse aceito, tais dados poderiam ajudar a orientá-lo na continuidade do processo formativo.

Com o objetivo de evidenciar as condições psicológicas dos candidatos à vida religiosa consagrada e presbiteral, o autor William Bier propôs algumas diretrizes para ajudar a decidir sobre o uso ou não dos testes psicológicos. Esses deveriam ser aplicados nestas condições: (a) quando houvesse indícios claros de dúvida quanto à veracidade vocacional (Bier, 1954, p. 129); (b) quando houvesse indicações psicológicas práticas para fazê-lo (Bier, 1954, p. 139); (c) após o uso de uma bateria de testes psicológicos de personalidade (Bier, 1954, p. 142); d) a decisão final sobre a aceitação ou não do candidato à vida religiosa consagrada ou presbiteral deveria ser feita pelos responsáveis eclesiais (Bier, 1954, p. 149). Desse modelo, podemos concluir que a resposta sobre a presença ou não de uma vocação vinha da predisposição de algumas características que evidenciassem as reais condições psicológicas do candidato à vida religiosa consagrada ou presbiteral. De acordo com Bier, o discernimento vocacional, segundo os critérios psicológicos, dependeria da aceitação do resultado por parte dos responsáveis pelo percurso formativo.

A proposta de uma psicologia ativa na seleção dos candidatos à vida religiosa consagrada ou presbiteral sustentada por Bier, os avanços das pesquisas estatísticas realizadas nos Estados Unidos (Moore e Digna) e a possível "terceirização" do discernimento vocacional fizeram com que vários pesquisadores defendessem cautela no uso da psicologia no discernimento vocacional. Mais uma vez, o argumento da ação transformadora da graça de Deus é retomado. Nessa esteira argumentativa, Albert Plé propôs que algumas condições psicológicas, como alguns tipos de neurose psíquica leve, teriam a possibilidade de cura (1954, p. 115). O teste psicológico, lembra o autor, não tem como objetivo discernir se uma vocação é adequada ou não, visto que o diagnóstico de "doença mental" deve ser confirmado com a observação feita na cotidianidade dos contextos formativos (Plé, 1954, p. 117). Esse posicionamento é importante porque estabelece a condição de não confusão do papel do psicólogo e do formador. No entanto, uma questão torna-se fundamental: como acompanhar o desenvolvimento da ação da graça de Deus na cura das "doenças mentais"? Na verdade, como saber a sua eficácia?

No entendimento do jesuíta Antoine Benkö (1954), o uso de testes psicológicos evidencia, principalmente, os aspectos psicopatológicos, porém, a vocação, em suas características espirituais, é observada a partir de outros fatores. Para o autor, uma vocação pode começar pelo caminho afetivo, por motivos que, a princípio, podem ser o exemplo devocional da mãe, o testemunho de um sacerdote etc.; mas, para se tornar uma vocação, ela deve ter uma motivação verdadeira, uma escolha feita como adulto, que impulsione o sujeito durante toda a caminhada vocacional. Benkö indica que as verdadeiras motivações vocacionais podem ser descritas com a ajuda da psicologia moderna, por meio de testes projetivos ou de uma avaliação do estado mental do candidato.

Na mesma linha de argumentação, da aceitação dos instrumentos psicológicos no discernimento vocacional, Henri Gratton (1957) propôs que o discernimento não pode contar apenas com a ação da graça de Deus, no julgamento do diretor espiritual, ou nos métodos teológicos, porque existem alguns sintomas psíquicos que não são conhecidos pelo contexto teológico do discernimento. A proposta do autor é integrar as ferramentas modernas da psicologia ao discernimento vocacional, de forma a permitir a ação livre da graça de Deus (Gratton, 1957, p. 356). A preocupação de Gratton – esta é sua grande contribuição – é não fazer da "doença mental" um privilégio para a ação da graça de Deus, ou seja, evitar a normalização dos problemas psicológicos na expectativa de que somente uma ação divina mude o comportamento humano.

O autor levanta a preocupação com a falta de psicólogos dentro das estruturas formativas. De acordo com Gratton, os diretores espirituais poderiam melhor ajudar os candidatos ao presbitério se conhecessem pelo menos um pouco da personalidade humana. Partindo de sua experiência como psicoterapeuta nos seminários, ele recorda a necessidade de formar psicólogos sacerdotes para atuarem diretamente na formação dos candidatos ao presbitério (Gratton, 1957, p. 360). A razão dessa proposta é capacitar os formadores para prevenir problemas futuros, descobrir tendências psicológicas problemáticas e elaborá-las para formar o candidato ao presbitério ou à vida religiosa consagrada para desenvolver um excelente trabalho pastoral (Gratton, 1957, p. 362).

A utilização dos testes psicológicos no discernimento vocacional mostrou uma nova compreensão da vocação, principalmente em um contexto histórico que propunha o afastamento da psicologia/psicanálise como uma teoria desnecessária no contexto religioso, conforme indicamos no princípio deste capítulo. No início, as pesquisas empíricas trouxeram à luz a presença (medida) da "doença mental" no *corpus* presbiteral (Salman, 1960), o que levou à reflexão sobre a competência dos instrumentos da psicologia para responder aos problemas de cunho teológico. No entanto, a necessidade iminente da Igreja de conter os escândalos fez da psicologia/psicanálise e seus instrumentos uma condição quase que necessária na seleção dos candidatos à vida religiosa consagrada e presbiteral.

Apesar das condições contextuais, ainda se perguntava sobre o papel curador da graça de Deus em face do sofrimento mental. As posições teóricas indicam um amadurecimento teórico/prático da relação entre os instrumentos psicológicos e a ação de Deus. O ponto teórico de convergência se constrói não apenas nos resultados estáticos dos testes psicológicos, nem mesmo na confiança inocente da cura pela graça de Deus, mas na colaboração convergente entre ambos os pressupostos teóricos (Sanagiotto, 2019).

Critérios psicológicos para o discernimento vocacional

A mudança de perspectiva no debate da relação entre a psicologia e a religião coincide com o aumento de iniciativas destinadas a levar ajuda psicológica aos clérigos e aos religiosos/as consagrados/as em dificuldade. Trata-se do período histórico compreendido entre os anos de 1955 e 1965, em que a pesquisa se concentrou em estabelecer os critérios psicológicos que ajudariam a selecionar os candidatos à formação presbiteral, ou seja, não se limitando somente ao apoio moral e psíquico dos presbíteros em dificuldades, mas também visando à percepção, por meio de um discernimento mais atento, dos motivos que impulsionavam as pessoas à vida religiosa consagrada e presbiteral. Agora podemos nos perguntar: quais foram os critérios práticos indicados pela psicologia para discernir uma vocação? (Devis, 1959).

A resposta vem por meio do atendimento psicoterapêutico aos presbíteros em sofrimento psíquico. No aspecto teórico, ainda havia dificuldade de compreender o discernimento como objeto de pesquisa em psicologia. No entanto, a experiência prática ajudou a consolidar o papel da psicologia no discernimento vocacional e no estabelecimento de princípios caracterológicos de uma verdadeira vocação, argumento que se tornou essencial no início do ano 1960 (Beirnaert, 1958; Plé, 1958).

O primeiro ponto a sublinhar é a confirmação da importância (quando necessário) do uso dos testes psicológicos na seleção dos candidatos à vida religiosa consagrada e presbiteral. O objetivo disso era prever se determinado vocacionado/a reunia as condições necessárias para seguir no percurso vocacional. Podemos afirmar que o uso dos testes psicológicos não se dirigia exclusivamente ao diagnóstico de "doenças mentais", mas era utilizado na seleção caracterológica dos candidatos. Entre os critérios que eram observados, buscava-se saber (Salman, 1960): (1) as suas motivações; (2) se a opção era definitiva e (3) se eles seriam fiéis à escolha feita. A ideia contida nesses critérios era afirmar que, se essas características fossem atendidas, o sucesso vocacional poderia ser previsto.

Para Albert Plé (1961), no discernimento vocacional, é conveniente examinar a reta intenção do candidato ao presbiterato. O autor propunha que, a partir de um conceito canônico, é importante compreender as motivações vocacionais e a capacidade de sustentá-la em um possível processo formativo. A abordagem pressupõe esclarecer as contraindicações (psicose, neurose, neurose de caráter) para impedir que alguns candidatos entrassem no processo formativo, tornando-se, no futuro, um problema para os superiores. Apesar das indicações para impedir candidatos com problema psicológico, o autor sublinha que, em algumas situações específicas – sem indicar quais – é aconselhável acolhê-los para o percurso formativo (Plé, 1961).

Na pesquisa do Dr. Parrot e R. P. Romain, as conclusões indicaram que o discernimento deve considerar a capacidade do candidato de desenvolver uma vida adulta, voltada para a maturidade humana e espiritual. O oposto, isto é, a imaturidade, indicava condições favoráveis para o sofrimento psíquico[7]. Segundo os autores, a vocação adulta e madura é "*autônoma*, mas inserida em sua história e em seu ambiente relacional, sem deixar de lado a afetividade; *social*, sem ser rebelde ou meramente obediente; *sexualizada*, sem se deixar dominar pelo instinto ou rejeitá-la; a idade adulta aparece como um equilíbrio" (Parrot; Romain, 1958, p. 321) entre essas diferentes forças psíquicas.

Na perspectiva de Dominique Salman, os fatores que devem ser considerados no discernimento vocacional são: a qualidade da motivação, a capacidade de alegrar-se, a tolerância às frustrações, o envolvimento com as atividades da congregação religiosa ou diocese e, por fim, a capacidade de estabelecer julgamentos (Salman, 1960). Os candidatos que deveriam ser eliminados foram divididos em quatro grupos: os "doentes mentais", os de personalidade frágil, os caracterológicos e os inadequados (Salman, 1960, p. 93). As conclusões de Salman se concentram na noção psicológica de uma vocação.

---

7. Apesar de a pesquisa ter como objetivo conduzir as pessoas da imaturidade à maturidade, é necessário identificar três tipos de *imaturidade psicológica* que são mais problemáticos no crescimento vocacional. O primeiro tipo refere-se à imaturidade psicológica que se desenvolve como: (1) um autoconceito fraco (fraqueza do ego, autoidentificação, estilos educacionais na família inspirados pelo autoritarismo ou permissividade, pouca capacidade de reconhecer os próprios estados internos etc.); (2) relações interpessoais marcadas pela impulsividade: desenvolvimento insatisfatório de afetividade, falta de autocontrole, inibições; (3) relação com os valores distorcidos aprendidos durante o período da vida familiar; viver a dimensão religiosa sem uma verdadeira assimilação pessoal. O segundo tipo de imaturidade se refere à *inconsistência entre personalidade e desempenho de papéis*. O terceiro tipo, por fim, refere-se à *carência em assumir responsabilidades adultas* (Cian, 1992).

No alvorecer e no desenvolvimento do Concílio Vaticano II, as pesquisas sobre o discernimento como objeto de estudo da psicologia se concentraram na descoberta de características que pudessem servir como critério distintivo para compreender a veracidade de uma vocação. A revisão da literatura produzida no período histórico estudado nos indica que o discernimento vocacional, na perspectiva da psicologia, começou abordando (1) os aspectos motivacionais presentes na resposta vocacional, passando (2) pela perspectiva da maturidade humana e psicológica e, enfim, buscando pela (3) descrição das características psicológicas presentes em uma vocação (Marchand, 1965).

O discernimento psicológico das vocações se consolidou seguindo uma abordagem diferente do discernimento teológico vocacional, sem, porém, substituir os processos já consolidados nos contextos formativos. O conteúdo e a metodologia são diferentes, a ponto de não ser tarefa da psicologia discernir a vocação religiosa propriamente dita. Encontramos, como ponto de convergência, o candidato à vida religiosa consagrada e presbiteral e o desejo de saber se esse chamado é, de fato, feito por Deus ou se corresponde à insegurança psíquica, da qual busca a proteção das estruturas oferecidas pela Igreja.

Síntese conclusiva

Na hipótese de pesquisa, levantada no início deste capítulo, propúnhamo-nos a analisar como, na complexa relação entre a psicologia e a formação, o discernimento se tornou objeto de pesquisa da psicologia. Após ter sido exposta a nossa análise em tópicos sumários, podemos concluir que o período histórico por nós estudado, entre os anos de 1930 a 1965, foi propício para a consolidação do uso de instrumentos psicológicos na formação, especificamente na seleção de candidatos para a vida religiosa consagrada e presbiteral. Identificamos três momentos que confirmam nossa hipótese:

a. O primeiro corresponde à seleção dos candidatos ao presbitério e à vida religiosa consagrada, realizada na perspectiva da "higienização" mental, com o objetivo de evitar que os candidatos com algum problema mental entrassem no processo formativo à vida religiosa consagrada e presbiteral;

b. O segundo, ao uso de instrumentos psicológicos para compreender a personalidade do candidato à vocação à vida religiosa consagrada ou presbiteral com o objetivo de prever o sucesso (perseverança) vocacional;

c. O terceiro corresponde às indicações dos parâmetros que permitam traçar o perfil vocacional a ser utilizado como critério para o discernimento vocacional.

Como conclusão geral deste capítulo, podemos dizer que, no momento da mudança metodológica formativa promovida pelo Magistério da Igreja, a psicologia tornou-se, no alvorecer do Concílio Vaticano II, um nome ou uma saída "mágica" para a seleção dos candidatos à vida religiosa consagrada e presbiteral. Isso foi entendido como um progresso, mas também um perigo porque o uso da psicologia na seleção dos candidatos à vida religiosa consagrada e presbiteral foi instrumentalizado. É importante enfatizar que a psicologia e a teologia estabelecem, de alguma forma, pontos de convergência, porém ambas possuem epistemologias diferentes. O uso instrumental desses saberes pode gerar confrontos e enfatizar problemáticas.

Janela interativa 2
Atualizando: elementos básicos da definição de testes psicológicos[8]

Elemento definidor	Explicação	Fundamento
Os testes psicológicos são procedimentos *sistemáticos*.	Caracterizam-se por planejamento, uniformidade e meticulosidade.	Para serem úteis, os testes devem ser objetivos e justos e passíveis de demonstração.
Os testes psicológicos são amostras de *comportamento*.	São pequenos subconjuntos de um todo maior.	O uso de amostras de comportamento é eficiente porque o tempo disponível geralmente é limitado.
Os comportamentos avaliados pelos testes são *relevantes* para o funcionamento *cognitivo*, *afetivo* ou ambos.	As amostras são selecionadas por sua significância psicológica empírica ou prática.	Os testes, ao contrário dos jogos mentais, existem por sua utilidade; eles são ferramentas.
Os resultados dos testes são *avaliados* e recebem escores.	Algum sistema numérico ou categórico é aplicado aos resultados segundo regras preestabelecidas.	Não deve haver dúvidas sobre os resultados de um teste.
Para se avaliar resultados de testes, é necessário ter *padrões* baseados em dados *empíricos*.	Deve haver uma forma de aplicar um critério ou padrão de comparação comum aos resultados.	Os padrões usados para avaliar os resultados de um teste devem indicar o único sentido dos mesmos.

---

8. Cf. Urbina (2007, p. 12).

II
O PSICODIAGNÓSTICO NA PERSPECTIVA VOCACIONAL

Resumo do capítulo: no contexto eclesial, o psicodiagnóstico tem sido uma prática cada vez mais recorrente. Nos últimos anos, principalmente motivado pelas pesquisas de caráter empírico, têm-se demonstrado os benefícios do conhecimento aprofundado das questões psíquicas que envolvem os/as vocacionados/as, os/as religiosos/as consagrados/as e os presbíteros. O objetivo deste capítulo é individuar alguns fatores relevantes que nos ajudem a entender: a definição de um modelo psicodiagnóstico; quando o psicodiagnóstico é recomendado e para quem; como lidar com as questões éticas na devolução dos resultados obtidos no psicodiagnóstico. Por fim, proponho uma definição conceitual para a temática do psicodiagnóstico na perspectiva vocacional.

Palavras-chave: perfil psicológico, personalidade, ética profissional, perspectivas futuras.

A necessidade de renovação da vida religiosa consagrada e presbiteral, particularmente do percurso vocacional, impulsiona um progressivo comprometimento de todos os agentes que estão envolvidos com o processo formativo. Os documentos do Magistério da Igreja, desde muito tempo, recomendam o uso das ciências humanas dentro dos ambientes formativos (Concílio Ecumênico Vaticano II, 1966) com o objetivo de desenvolver o crescimento humano e espiritual dos/as religiosos/as consagrados/as e dos presbíteros (Sanagiotto, 2023). O interesse pela avaliação psicológica dos candidatos à vida religiosa consagrada e presbiteral nos remete ao final da década de 1940 (Bier, 1948), principalmente justificados pela incursão de presbíteros e religiosos consagrados no amplo campo da nascente convergência entre a psicologia e a religiosidade (Bier, 1970), conforme aprofundamos no capítulo I.

Nos períodos sucessivos ao Concílio Vaticano II, o interesse dos pesquisadores em compreender a adequação dos candidatos aos contextos formativos adquiriu contornos eminentemente teóricos, sobretudo no que diz respeito à seleção dos candidatos à vida religiosa consagrada e presbiteral. Porém os aspectos teóricos não indicam claramente, por si mesmos, respostas práticas sobre os passos sucessivos que precisam ser dados. A busca por metodologias mais pragmáticas conduziu à ampliação na requisição da avaliação psicológica. A revisão da literatura confirma tal tendência, mas também o porquê de as congregações religiosas e dioceses buscarem a avaliação psicológica (Costello, 1985; O'Connor, 1988).

Em se tratando do âmbito teórico, as pesquisas apontam para a importância de proceder com a avaliação psicológica com os candidatos à vida religiosa consagrada e presbiteral, religiosos/as consagrados/as e presbíteros. Em uma pesquisa, mesmo que contextualizada a um período histórico, estudou-se o percurso formativo de um grupo de religiosos/as consagrados/as e presbíteros que faziam tratamento em uma clínica de acolhida (Keddy; Erdberg; Sammon, 1990). O resultado indicou que muitos dos entrevistados tinham referido problemas de personalidade de longa data. A conclusão dos pesquisadores é que, se tivessem sido feitas avaliações psicológicas nos períodos iniciais da formação, tais religiosos/as consagrados/as e presbíteros poderiam ter sido cuidados de maneira diferente e preventiva.

Ao revisar a literatura produzida no pós-Concílio Vaticano II, entre os anos de 1980 e 2000, notadamente em uma perspectiva histórica, ficou claro que as dioceses e as congregações religiosas encaminhavam os/as vocacionados/as à vida religiosa consagrada e presbiteral como parte do processo formal de admissão para o percurso formativo. Havia pouco interesse no desenvolvimento de um projeto vocacional tendo como base os resultados obtidos nas avaliações psicológicas (Ripman, 1985). Em um sentido mais compreensível, buscavam-se sinais indicativos de psicopatologias que impedissem o início de um percurso formativo. Em casos em que fossem observados comportamentos estranhos, a avaliação psicológica era requisitada para, coloquialmente expressando, "tirar a dúvida".

Na busca por metodologias formativas eficazes diante dos recentes casos de pedofilia no contexto eclesial, o Papa Francisco, em um encontro sobre a proteção dos menores, propôs 21 pontos de reflexão para os participantes. Um desses pontos fazia referência direta ao contexto formativo, no qual se propunha a avaliação psicológica: "17. Realizar uma avaliação psicológica dos candidatos ao sacerdócio e à vida consagrada por especialistas qualificados e credenciados"[9]. Tal afirmativa representa uma mudança significativa, visto que, anteriormente, era apenas uma prática recomendada pela Igreja.

Apesar de encontrarmos um *corpus* literário científico sobre a avaliação psicológica entre os/as religiosos/as consagrados/as e os presbíteros, algumas questões precisam ser abordadas: quais informações estão sendo buscadas pelas dioceses e congregações religiosas quando encaminham os/as vocacionados/as, os/as religiosos/as consagrados/as ou os presbíteros aos psicólogos para o psicodiagnóstico? Quais instrumentos estão sendo utilizados no processo de avaliação psicológica? O que ocorre com os relatórios produzidos pelos psicólogos que avaliam os candidatos à vida religiosa consagrada e presbiteral?

---

9. Cf. Sala Stampa della Santa Sede (2019). Disponível em: https://press.vatican.va/content/salastampa/it/bollettino/pubblico/2019/02/21/0149/00305.html

Janela interativa 3
Pensando no conceito de psicodiagnóstico

O **psicodiagnóstico é um dos tipos de avaliação psicológica** realizada com objetivos clínicos, portanto, não abrange todas as formas de avaliação. Atualmente, a avaliação psicológica é entendida como um processo que permite descrever e compreender a pessoa em suas diferentes características, investigando tanto aspectos da personalidade quanto aspectos cognitivos, abordando possíveis sintomas, questões do desenvolvimento, questões neuropsicológicas, características adaptativas e desadaptativas, entre outros, permitindo, assim, que se chegue a um prognóstico e à melhor estratégia e/ou à abordagem terapêutica necessária.

O psicodiagnóstico derivou da psicologia clínica em torno de 1896, quando surgiram os primeiros testes mentais. Nessa época, o psicólogo se limitava a aplicar um ou outro teste solicitado por outros profissionais e trabalhava com um modelo médico de atendimento, mantendo certo distanciamento do avaliando, buscando não perder a objetividade em seu trabalho.

Não havia um procedimento em que o avaliando fosse atendido de forma integrada e compreensiva. Esse cenário começou a ser modificado com o surgimento da psicanálise e com o desenvolvimento das técnicas projetivas, o que permitiu que se pudesse ter uma compreensão mais profunda e abrangente do sujeito avaliado. Uma das atividades do psicólogo clínico é identificar e compreender, na singularidade do indivíduo, suas características, seus sintomas e seu funcionamento psíquico e, assim, explicitar diagnósticos.

A palavra "diagnóstico" origina-se do grego *diagnõstikós* e significa discernimento, faculdade de conhecer. No sentido amplo do termo, a ação de diagnosticar é inevitável, já que, sempre que se explicita a compreensão de um fenômeno, realiza-se um dos possíveis diagnósticos. Mas, no campo da ciência, esse termo refere-se à possibilidade de conhecimento por meio da utilização de conceitos, noções e teorias científicas.

Pensando no conceito de psicodiagnóstico, palavra também de origem grega (*psique* = mente, *dia* = através, *gnosis* = conhecimento), trata-se da expressão mais antiga e que melhor reflete, etimologicamente, o caráter processual da tarefa de diagnosticar, pois se refere a um conhecimento dos aspectos mais relevantes do funcionamento psíquico (Rigoni; Sá, 2016, p. 27).

O psicodiagnóstico e o percurso formativo

Há vários anos, as congregações religiosas e as dioceses propõem a realização da avaliação psicológica, contando com o auxílio dos profissionais da saúde mental, na sua ampla maioria composta por psicólogos (McGlone; Ortiz; Karney, 2010). Em se tratando da demanda institucional para se fazer uma avaliação psicológica, em uma perspectiva histórica, identificamos que o foco têm sido os candidatos à vida religiosa consagrada e presbiteral (antes de entrar no percurso formativo), principalmente para (a) identificar se esses são adequados para prosseguir no percurso vocacional; (b) se existem as condições gerais da saúde mental requeridas para o percurso vocacional; enfim, (c) para prever a perseverança no ministério presbiteral ou na consagração religiosa (Sunardi, 2014).

Em se tratando dos documentos do Magistério Eclesial, observamos uma progressiva mudança de perspectiva. Mais recentemente, no ano de 2008, a Congregação para a Educação Católica publicou um texto com orientações para o uso da psicologia na admissão e formação dos candidatos à vida religiosa consagrada e presbiteral. Tal publicação confirmou a importância de recorrer a profissionais psicólogos para chegar a uma correta avaliação da personalidade dos candidatos, por exemplo (Congregação para a Educação Católica, 2008). Na *Ratio Fundamentalis Institutionis Sacerdotalis* de 2016, a Congregação para o Clero confirmou a relevante contribuição das ciências psicológicas, principalmente na avaliação psicológica que busca, entre outros objetivos, a presença de transtornos psiquiátricos. Além disso, encontramos sugestões para a promoção de uma resposta vocacional livre, apoiando o desenvolvimento das qualidades do ser humano (especialmente as relacionais), exigidas para o exercício do ministério (Congregação para o Clero, 2016).

Os métodos utilizados para a avaliação psicológica dos candidatos à vida religiosa consagrada e presbiteral parecem seguir procedimentos padrão semelhantes aos adotados na avaliação profissional (Hankle, 2010). No entanto, esse procedimento pode levar à tomada de decisões inadequadas, porque as pesquisas indicam que os candidatos à vida religiosa consagrada e presbiteral tendem a responder de modo adaptativo aos instrumentos psicológicos, principalmente quando comparados a outros tipos de profissão (Malony; Majovski, 1986). Diante disso, podemos nos questionar: seria possível pensar em um protocolo padronizado para o desenvolvimento do psicodiagnóstico dos/as vocacionados/as, dos/as religiosos/as consagrados/as e dos presbíteros? Esse protocolo padrão não estabeleceria uma espécie de "privilégio sagrado" diante de uma prática amplamente divulgada em outras áreas?

A busca por um modelo de psicodiagnóstico

O psicodiagnóstico entre os candidatos à vida religiosa consagrada e presbiteral, assim como entre os presbíteros e os/as religiosos/as consagrados/as, tem sido fonte de numerosos estudos que buscam investigar algumas variáveis psicológicas específicas, tais quais a ansiedade e a depressão (Knox *et al.*, 2005), a síndrome de burnout (Sanagiotto; Pacciolla, 2022b), o perfil psicológico (Sanagiotto; Crea, 2021) etc. No entanto, poucos estudos têm se dedicado ao processo da avaliação psicológica. Tais pesquisas se tornam fundamentais, visto que muitas decisões são tomadas considerando os resultados vindos do psicodiagnóstico, por exemplo. Em uma entrevista com 154 responsáveis pela pastoral vocacional, observou-se que esses confiavam e consideravam fundamentais os resultados da avaliação psicológica para decidir se aceitavam ou não alguém para entrar no percurso formativo (Batsis, 1993).

Enquanto pressuposto teórico, em sentido mais amplo, a avaliação psicológica é feita em situações específicas. Em termos conceituais, a avaliação psicológica é um "processo estruturado de investigação de fenômenos psicológicos, composto de métodos, técnicas e instrumentos, com o objetivo de prover informações à tomada de decisão, no âmbito individual, grupal ou institucional, com base em demandas, condições e finalidades específicas" (CFP, 2018b). O principal objetivo do psicodiagnóstico é conhecer o paciente que está sendo avaliado e compreender o motivo pela busca da avaliação com o intuito de auxiliar na tomada de decisão dos profissionais na área da saúde. O psicodiagnóstico, enfim, faz parte de um processo de avaliação psicológica realizada no contexto clínico, impulsionado por uma demanda inicial.

O intuito deste livro não é discutir conceitos já amplamente aprofundados, visto que se pressupõe que o profissional tenha conhecimento adequado a esse respeito,

> [...] compreendemos que o psicodiagnóstico é um procedimento científico de investigação e intervenção clínica, limitado no tempo, que emprega técnicas e/ou testes com o propósito de avaliar uma ou mais características psicológicas, visando um diagnóstico psicológico (descritivo e/ou dinâmico), construído à luz de uma orientação teórica que subsidia a compreensão da situação avaliada, gerando uma ou mais indicações terapêuticas e encaminhamentos (Krug; Trentini; Bandeira, 2016, p. 18).
>
> Reservamos o termo [psicodiagnóstico] para descrever um procedimento complexo, interventivo, baseado na coleta de múltiplas informações, que possibilite a elaboração de uma hipótese diagnóstica alicerçada em uma compreensão teórica (Krug; Trentini; Bandeira, 2016, p. 20, acréscimo nosso).

Como podemos observar, aproximamo-nos de uma definição teórica em que o psicodiagnóstico pressupõe o ponto de vista científico sobre o fenômeno psicológico observado. Além disso, pressupomos que a abordagem psicológica escolhida pelo profissional influencia e faz uma ponte entre os métodos e as técnicas específicas da teoria psicológica e os dados recolhidos no processo do psicodiagnóstico. Com isso, pressupomos que seja fundamental considerar o conjunto teórico que o profissional psicólogo escolhe para se guiar, sendo esse o ponto de referência em que decidirá qual método é o mais adequado em termos interventivos.

Em se tratando da perspectiva formativa, alguns fatores contribuem para esclarecer quando os formadores ou responsáveis pela formação são orientados a encaminhar os/as vocacionados/as, os/as religiosos/as consagrados/as ou os presbíteros para um psicodiagnóstico. Tal fator é importante ser considerado, visto que representa a demanda principal que guiará na decisão de quais instrumentos psicológicos precisam ser usados no processo psicodiagnóstico. As necessidades vindas da realidade de cada congregação religiosa ou diocese impulsionam a novos horizontes, sempre que de acordo com as normas e padrões orientadores da prática psicodiagnóstica.

Em se tratando de protocolos padronizados para o psicodiagnóstico com os/as religiosos/as consagrados/as e os presbíteros, atualmente não encontramos uma única proposta amplamente usada e replicável. A prática atual parte do pressuposto de que cada psicólogo realiza o psicodiagnóstico, profissionalmente independente, pelo menos se tomarmos como ponto de referência os contextos formativos (Plante; Boccaccini, 1998). O profissional decide qual procedimento é mais adaptado, segundo a demanda apresentada pelo candidato ou pela instituição de pertencimento. Por um lado, tal prática possibilita que o procedimento do psicodiagnóstico seja aberto às necessidades apresentadas pelo sujeito ou pela instituição, maleável na escolha dos instrumentos psicológicos para serem usados; por outro lado, em se tratando do aprofundamento das características do perfil vocacional e do desenvolvimento de programas formativos, a não "padronização" representa um limite (Keddy; Erdberg; Sammon, 1990).

Em síntese, o psicodiagnóstico é sempre um processo que envolve a integração de informações provenientes de diversas fontes, entre as quais, testes, entrevistas, observações e análise de documentos. O uso dos testes psicológicos deve ser entendido como uma das etapas do psicodiagnóstico que fornece informações relevantes para o embasamento e o posicionamento do psicólogo. Em sentido teórico, consideramos quatro elementos essenciais para a configuração do esquema definidor do campo da avaliação psicológica enquanto processo (Cruz; Alchieri; Sardá Jr., 2002):

a) O **objeto** (fenômeno ou processo psicológico);

b) O **campo teórico** (sistema conceitual);

c) O **objetivo avaliado** (fazer o diagnóstico, compreender e avaliar a prevalência de determinada conduta);

d) O **método** (condição através da qual é possível conhecer o que se pretende avaliar).

No contexto deste capítulo, partimos do pressuposto de que nem todas as demandas e preocupações vindas dos contextos formativos são abordadas diretamente no psicodiagnóstico. O psicodiagnóstico parte de uma demanda e se expande para a complexidade do ser humano e das suas relações. Portanto, é improvável o uso de um protocolo padronizado de avaliação psicológica para os/as vocacionados/as, os/as religiosos/as consagrados/as ou os presbíteros, as dioceses ou as congregações religiosas.

Em se tratando das pesquisas, para não privar os contextos formativos da análise e atualização dos métodos formativos, muitas informações podem ser observadas nos perfis psicológicos, em que se podem sintetizar as características de personalidade dos candidatos à vida religiosa consagrada e presbiteral (Sanagiotto; Crea, 2021). Conhecê-los, portanto, é fundamental para analisar os dados vindos dos instrumentos psicológicos e confrontá-los com os contextos formativos. Para ajudar a entender as características de personalidade dos sujeitos envolvidos com o contexto eclesial, a análise dos perfis psicológicos é um grande avanço sem, porém, criar estruturas caracterológicas.

Em um contexto eclesial específico, motivado principalmente pela realidade dos abusos sexuais de menores, a *United States Conference of Catholic Bishops* (USCCB, 2015) publicou um guia com indicações para a avaliação psicológica dos candidatos ao presbiterato. De acordo com essas diretrizes, a avaliação psicológica busca entender o funcionamento intelectual, emocional e psicológico do candidato por meio do uso de medidas psicométricas (USCCB, 2015, p. 2). Como tal, deve incluir: entrevistas clínicas, entrevistas psicossociais e psicossexuais, avaliações da inteligência e testes psicológicos.

A avaliação psicológica, segundo a USCCB, deve identificar, quando presentes, as características dos candidatos que os tornam inadequados para o percurso vocacional. Entre elas indicamos: psicopatologia, acentuada instabilidade emocional, deficiências intelectuais, distúrbios de personalidade ou do desenvolvimento, inclinações para a atividade sexual com um menor ou outras características que possam indicar que a pessoa pode prejudicar menores, histórico de desvio psicopático, rigidez ou inflexibilidade que impede a abertura à orientação formativa. Para além da busca pelas problemáticas presentes em cada estrutura de personalidade, a avaliação psicológica se torna útil para identificar os pontos fortes ou características de personalidade do candidato à vida religiosa consagrada e presbiteral, que servirão como recurso para o crescimento humano e vocacional, ou, talvez, que precisariam ser resolvidas antes da entrada no percurso formativo (Hoesing; Hogan, 2021).

Embora tenham sido traçadas diretrizes oficiais sobre os objetivos gerais da avaliação psicológica entre os/as vocacionados/as, os/as religiosos/as consagrados/as e os presbíteros, ainda não há um procedimento padrão ou indicação específica do tipo de instrumentos psicológicos a serem utilizados. Exceção precisa ser mencionada quando o psicodiagnóstico é feito por profissionais associados a determinados institutos especializados no atendimento aos religiosos/as consagrados/as e presbíteros. Cada profissional, segundo a sua abordagem teórica e a sua compreensão antropológica, utiliza os instrumentos psicológicos que considera úteis para o bom andamento da análise, segundo uma demanda. Porém as pesquisas indicam uma tendência, não relacionada ao contexto eclesial brasileiro, mas ao contexto mais amplo, que é o *Minnesota Multiphasic Personality Inventory (MMPI)* (McGlone; Ortiz; Karney, 2010).

Para uma correta avaliação daqueles que estão inseridos em um contexto formativo à vida religiosa consagrada ou presbiteral, é importante que o profissional da saúde mental proceda com uma cuidadosa anamnese, por meio de entrevistas semiestruturadas ou livres, para recolher dados referentes à história da vida e da vocação, use instrumentos psicométricos validados pelos órgãos competentes responsáveis por tais normatizações ou outros instrumentos psicológicos cientificamente comprovados como eficazes. Independentemente do modelo psicodiagnóstico utilizado pelo profissional psicólogo, os resultados obtidos não devem ser considerados isoladamente, nem, muito menos, interpretados pelos formadores sem conhecimento específico. A análise precisa considerar a complexidade dos contextos formativos à vida religiosa consagrada e presbiteral. Por isso, é aconselhável que o profissional conheça a dinâmica formativa e vivencial da vida religiosa consagrada e presbiteral.

O fato é que a escolha de um conjunto de técnicas psicológicas para guiar o profissional no psicodiagnóstico orientará o/a vocacionado/a, o presbítero ou o/a religioso/a consagrado/a e os contextos formativos, na tarefa de propor intervenções psicoeducativas que ajudem no crescimento humano e vocacional. Diante de tal realidade, podemos aprofundar o argumento sobre quando encaminhar alguém para o psicodiagnóstico.

Janela interativa 4
Escolha dos instrumentos e das técnicas no psicodiagnóstico

Um passo importante para um bom andamento do psicodiagnóstico diz respeito à escolha dos instrumentos psicológicos e da técnica a ser usada. O descuido nessa escolha pode levar, como consequência, a conclusões e encaminhamentos inapropriados. Inicialmente, o profissional psicólogo precisa:

1) Formular as **hipóteses** com base nos passos iniciais do psicodiagnóstico (entrevista inicial, avaliação da demanda e estabelecimento de objetivos etc.);
2) Ter conhecimento suficiente sobre o **desenvolvimento humano** e as **psicopatologias**;
3) Analisar as **vantagens** e as **desvantagens** do uso dos testes, comparando e considerando a possibilidade de uso de outros métodos avaliativos.

Tendo esclarecido os critérios acima elencados na escolha dos instrumentos psicológicos, o profissional psicólogo precisa responder:

1) *O que quero avaliar?* É o norte do percurso psicodiagnóstico que responde à questão do tipo de avaliação que está sendo feito;
2) *Quais os instrumentos e técnicas disponíveis que avaliam isso que quero saber, considerando a idade do avaliando?* Corresponde ao levantamento dos instrumentos psicológicos disponíveis e que poderiam ajudar no levantamento de dados científicos referentes à hipótese analisada;
3) *Eu sei manejar tais instrumentos e técnicas?* Diz respeito à análise crítica do psicólogo em relação ao manuseio dos instrumentos mais favoráveis para analisar a demanda trazida pelo paciente ou pela instituição de pertencimento.

No contexto do psicodiagnóstico, a escolha dos instrumentos psicológicos e da técnica que deverá ser usada é sempre individualizada, ou seja, de acordo com as necessidades do paciente ou da demanda vinda de uma determinada instituição.

Quando sugerir o psicodiagnóstico na perspectiva vocacional?

Partindo para o âmbito específico do contexto eclesial, interessa-nos compreender quais são as indicações dos documentos do Magistério Eclesial para o encaminhamento a uma avaliação psicológica. Em uma perspectiva histórica, já abordamos, no capítulo I, muitos dos principais conceitos[10]. O código de direito canônico prevê que no escrutínio seja verificada a idoneidade física e psíquica do candidato às ordens sacras (João Paulo II, 1983).

Nas *Orientações para a utilização das competências psicológicas na admissão e na formação dos candidatos ao sacerdócio*, o documento postula basicamente três vertentes: (1) da funcionalidade de um diagnóstico; (2) dos recursos que podem ser tirados de um processo psicodiagnóstico; (3) da avaliação psicológica, em casos específicos e necessários, para o conhecimento mais profundo das características de personalidade de determinado sujeito.

Em se tratando da *primeira vertente*, diz respeito à funcionalidade do diagnóstico, obtido com a ajuda de profissionais da área psicológica na fase inicial de discernimento vocacional. De fato, assim lemos: "é necessário, desde o momento em que o candidato se apresenta para ser recebido no Seminário, que o formador possa conhecer cuidadosamente a sua personalidade, as potencialidades, as disposições e os diversos tipos eventuais de feridas, avaliando a natureza e a intensidade" (Congregação para a Educação Católica, 2008). O intuito é possibilitar "uma avaliação mais segura da situação psíquica do candidato, das suas atitudes humanas na resposta ao chamado divino, para um auxílio posterior no seu crescimento humano, pode ser útil, em alguns casos, o recurso a especialistas em ciências psicológicas" (Congregação para a Educação Católica, 2008).

A *segunda vertente* – dos recursos que podem ser tirados de um processo psicodiagnóstico –, que integra a anterior, mais rica e proativa. Pede-se aos especialistas que contribuam para favorecer o fortalecimento das qualidades do seminarista ou do/a religioso/a consa-

---

10. Cf. neste livro o tópico: *O Magistério da Igreja e o discernimento "científico" da vocação*.

grado/a a partir de uma escolha mais livre: "o auxílio de especialistas pode ser útil aos formadores também para traçar um caminho formativo personalizado segundo as exigências específicas do candidato" (Congregação para a Educação Católica, 2008). A contribuição do psicólogo, nesse caso, é colaborar na formulação de itinerários formativos personalizados em consonância com as necessidades da pessoa:

> [...] eles podem oferecer aos formadores, não somente um parecer sobre a diagnose e a eventual terapia dos distúrbios psíquicos, mas, também, dar um contributo no apoio para o desenvolvimento das qualidades humanas, sobretudo requeridas pelo exercício do ministério, sugerindo itinerários aptos para favorecer uma resposta vocacional mais livre (Congregação para a Educação Católica, 2008).

A *terceira vertente* é a avaliativa, tanto por parte do especialista, em se tratando da psicologia; como por parte do formador, em se tratando do discernimento da vocação. Parece ser necessário um diagnóstico não de tipo médico (salvo casos específicos e necessários), mas de tipo psicológico, entendido como um processo dinâmico, aberto e avaliativo, não só de tipo descritivo, mas de tipo explicativo. Em síntese, trata-se de compreender a origem, mas também de indicar os processos que deram início a determinada situação problemática. A ideia é compreender o significado dos comportamentos e dos sintomas manifestados no presente, relacionados à história do sujeito.

Para além da avaliação pontual, necessária para entender a dinâmica do desenvolvimento humano, é bom que a vertente de avaliação do percurso formativo esteja presente, como ponto nodal, na verificação constante da evolução do/a religioso/a consagrado/a ou do seminarista, na execução do seu plano de formação personalizado. Dessa forma, estabelece-se um mecanismo contínuo de *feedback* entre o/a vocacionado/a e as pessoas com quem convive, o que permite uma adaptação do percurso formativo para que esteja cada vez mais de acordo com a situação real do interessado no seu próprio processo de crescimento. De preferência, que todo esse percurso seja feito tendo como base a resposta ao chamado de Deus.

Em se tratando da *Ratio Fundamentalis Institutionis Sacerdotalis* de 2016, lê-se que:

> [...] no âmbito psicológico, tal contribuição é preciosa, seja para os formadores, seja para os seminaristas, principalmente em dois momentos: na avaliação da personalidade, exprimindo um parecer sobre a saúde psíquica do candidato, e no acompanhamento terapêutico, para trazer à luz eventuais problemáticas e ajudar no crescimento da maturidade humana (Congregação para o Clero, 2016).

Observa-se que a *Ratio* se preocupa com os diversos períodos de admissão ao seminário ou ao presbiterato. Especificamente, orienta para evitar o ingresso ao seminário de candidatos que sofram de psicopatologias, manifestas ou latentes (por exemplo, esquizofrenia, paranoias, distúrbio bipolar, parafilias etc.) (Congregação para o Clero, 2016). Em se tratando da avaliação psicológica, a *Ratio* indica que "convém que se realize uma avaliação psicológica, seja no momento da admissão ao Seminário, seja no período sucessivo, quando isso pareça útil aos formadores" (Congregação para o Clero, 2016).

O resultado obtido em um psicodiagnóstico é sempre provisório e constitui uma hipótese explicativa inicial ou típica de um momento específico; nunca constitui uma conclusão definitiva. Se o "diagnóstico" não fosse concebido dessa forma, a pessoa seria rotulada, e sua riqueza, de que falamos anteriormente, não seria respeitada. Nesse sentido, o acompanhamento formativo precisa ser planejado, sendo, conforme o desenvolvimento humano e vocacional, atualizado, de acordo com a caminhada de cada candidato à vida religiosa consagrada ou presbiteral. Com isso, indicamos que, dependendo do protocolo usado pelo profissional psicólogo, podem surgir sugestões importantes para a formação personalizada.

Em síntese, encontramos alguns indicativos sobre a recomendação do psicodiagnóstico ou da avaliação psicológica no contexto da vida religiosa consagrada e presbiteral. De preferência recomenda-

-se que seja feito no início do percurso formativo, ou antes mesmo de entrar no seminário ou convento, mas, também, pode ser requerida em qualquer outro momento, quando a instituição considerar útil (Congregação para o Clero, 2016). O objetivo da avaliação psicológica, de fato, não é apenas evitar que sujeitos diagnosticados com determinadas psicopatologias, consideradas incompatíveis com a vocação à vida religiosa consagrada e presbiteral, ingressem no percurso formativo, mas possui, em si mesma, fatores formativos (Congregação para o Clero, 2016).

Como já enfatizamos, a finalidade da avaliação psicológica, especificamente do psicodiagnóstico, vai além da seleção dos candidatos ou da indicação à psicoterapia. Referimo-nos a ajudar o/ vocacionado/a, o/a religioso/a consagrado/a ou o presbítero a identificar as raízes das suas dificuldades (*nível educativo*) e, assim, prevenir o círculo vicioso da repetição dos problemas (*nível preventivo*). Em sentido mais amplo, a avaliação psicológica pode indicar conclusões úteis que podem ser acrescentadas em um projeto formativo personalizado (*nível formativo*) e, finalmente, tornar o/a vocacionado/a cada vez mais consciente das suas características vocacionais (*nível integrativo*) (Congregação para a Educação Católica, 2008).

Da literatura científica a que tivemos acesso, podemos concluir que o psicodiagnóstico é um recurso da psicologia usado no contexto formativo da vida religiosa consagrada e presbiteral, na maior parte para buscar indícios de "problemas psicológicos", especificamente dos candidatos ao presbiterato ou à vida religiosa consagrada. O objetivo da avaliação psicológica, porém, não é apenas decidir quem é apto ou não ao percurso formativo, mas ajudar o candidato e os responsáveis pela formação nas dioceses e nas congregações religiosas a entender melhor o funcionamento psicológico daqueles que escolheram um tipo específico de consagração religiosa. Além desse aspecto, salientamos que a avaliação psicológica ajuda a identificar questões que precisariam de acompanhamento psicoterapêutico em um provável percurso de formação.

Janela interativa 5
Análise da demanda

Um psicodiagnóstico tem mais chances de ser bem-sucedido quando há uma boa pergunta a ser respondida. Essa pergunta nem sempre é formulada com clareza pelo paciente que busca avaliação, uma vez que, em muitas ocasiões, ele próprio não tem condições de perceber as razões do seu sofrimento. Em outras oportunidades, deparamo-nos com demandas genéricas relacionadas ao interesse pelo seu próprio funcionamento, por exemplo, o interesse em responder à pergunta: "como eu sou?" ou a ideia de "eu vim aqui para me conhecer melhor". De modo geral, essas demandas não caracterizam uma boa pergunta a ser respondida por tratar-se de questões muito amplas. Nessas ocasiões, recomendamos uma primeira reflexão clínica a partir das entrevistas iniciais e/ou do contato com a fonte encaminhadora, visando especificar o motivo por trás do "interesse em se conhecer", por exemplo. Partindo dessa redefinição da demanda, pode-se pensar no planejamento de uma atividade avaliativa. Na realidade, essa reflexão inicial já é o primeiro momento da avaliação e deve ser feita com muito cuidado, uma vez que auxiliará a definir o que realmente precisará ser avaliado.

Como se trata de um processo de caráter científico, o psicodiagnóstico não prescinde da construção de hipóteses. Nesse sentido, boas perguntas são aquelas que auxiliam o profissional a confirmar ou a refutar determinadas hipóteses.

Contratempos no encaminhamento dos pacientes acontecem. É comum que o paciente seja enviado pela diocese ou pela congregação religiosa. A demanda, pelo menos da parte do paciente, nem sempre é suficientemente clara, sendo que, tantas vezes, o psicodiagnóstico não é requerido diretamente por parte do/a vocacionado/a, religioso/a consagrado/a ou presbítero. Em situações como essa, o psicólogo acaba sendo o primeiro que tem uma visão global e mais aprofundada dos acontecimentos, indo além dos aspectos meramente pontuais e confusos.

Em grande parte, em se tratando do "*porque fazer um psicodiagnóstico*", o/a vocacionado/a, o presbítero ou o/a religioso/a consagrado/a, já chega "estigmatizado" como problemático. Nessas situações, deve-se refletir sobre o que está sendo solicitado, podendo caber ao psicólogo, entre outros:

a) Realizar a avaliação se, de fato, se faz necessária a realização do psicodiagnóstico;

b) Realizar o diagnóstico diferencial, dependendo da demanda trazida pelo paciente;

c) Identificar forças e fraquezas do paciente e de sua rede de atenção, visando subsidiar um projeto terapêutico;

d) Ampliar a compreensão do caso por meio da elaboração de um entendimento dinâmico, alicerçada em teoria psicológica;

e) Refletir sobre encaminhamentos necessários ao caso (Bandeira; Trentini; Krug, 2016, p 23-24).

Janela interativa

As implicações éticas do psicodiagnóstico

O psicólogo, envolvido com os contextos formativos à vida religiosa consagrada e presbiteral, tem acesso a diversas informações que dizem respeito ao percurso da vida e da vocação daqueles que estão envolvidos com o sagrado. Em se tratando do psicodiagnóstico, os dados recolhidos podem indicar situações formativas particulares que nem sempre os formandos, por exemplo, conseguem partilhar com os formadores. No contexto da psicoterapia, o acesso a "informações secretas" por parte do psicólogo torna-se ainda mais evidente. Não é novidade que, de vez em quando, principalmente no período da renovação dos votos religiosos, ou nos momentos de escrutínio, os responsáveis pela formação solicitem um horário para conversar com o psicólogo que acompanha o percurso formativo nos seminários ou conventos. Alguns formadores e provinciais, por exemplo, chegam até mesmo a pedir relatório das sessões de psicoterapia. Em muitos casos, o profissional psicólogo não tem clareza de como lidar com as expectativas dos formadores, dos superiores das congregações religiosas e dos bispos. Portanto, conhecer as fronteiras éticas garantirá aos envolvidos a clareza no que diz respeito aos procedimentos psicológicos.

Na sequência, serão indicadas diversas normas e resoluções que buscam regulamentar e promover segurança para os profissionais psicólogos e as instituições na aplicação e devolução do resultado de uma avaliação psicológica. Uma observação se torna importante: é fundamental que o leitor verifique se tais normas e resoluções tenham sido atualizadas ou modificadas a partir do ano de publicação deste livro.

Partimos de um ponto importante: quem pode fazer um psicodiagnóstico? O Conselho Federal de Psicologia (CFP) normatiza sobre esse ponto: "os testes psicológicos são instrumentos de avaliação ou mensuração de características psicológicas, constituindo-se um método ou técnica de uso *privativo do psicólogo*" (CFP, 2012). Ainda, "no âmbito da *intervenção profissional*, os processos de investigação psicológica são denominados de avaliação psicológica, descritos em termos de suas modalidades – *psicodiagnóstico*, exame psicológico, psicotécnico ou perícia" (CFP, 2013, p. 34). A avaliação psicológica e o psicodiagnóstico são métodos científicos que devem ser conduzidos pelo psicólogo. Deixar isso claro dá ao psicólogo confiança para ocupar o seu lugar como técnico que coloca o seu trabalho a serviço de pessoas e da instituição. "Esse cuidado dá também às pessoas envolvidas e à instituição a segurança necessária para que se compreenda que se está lidando com saberes científicos teoricamente bem fundamentados, e não apenas com boas intenções e boas intuições" (Frezzato; Pinto, 2016, p. 104).

Em uma dinâmica de psicodiagnóstico, são recolhidas muitas informações referentes ao candidato ao presbiterato, à vida religiosa consagrada ou daqueles que já concluíram o período da formação inicial. Em se tratando dos documentos do Magistério Eclesial, sugere-se que todas as informações sobre o candidato à vida religiosa consagrada ou presbiteral, por exemplo, sejam usadas para compor o relatório final, assim como também para conhecer a personalidade do sujeito. Do profissional psicólogo, quando requerido, a instituição espera um parecer profissional, que siga as leis civis vigentes (Congregação para o Clero, 2016).

Em se tratando dos testes psicológicos, quais podem ser usados? Enquanto definição, "o teste é um instrumento ou procedimento por meio do qual se obtém uma amostra de comportamento de um indivíduo em um domínio específico. Para tanto, o mesmo [o teste] deve ser avaliado e pontuado por meio de um processo padronizado" (Trentini; Bandeira; Krug, 2016, p. 69, acréscimo nosso). O uso dos testes psicológicos é importante fator na construção de um relatório psicodiagnóstico, mesmo que não seja o único. Para tanto, o Conselho Federal de Psicologia determina que os testes psicológicos sejam avaliados por uma Comissão Consultiva em Avaliação Psicológica[11]. Em uma resolução do ano de 2003, o CFP diz que o psicólogo deve utilizar somente os testes avaliados pelo CFP como favoráveis para uso (SATEPSI) (CFP, 2003). Em outra resolução do ano de 2022, o CFP estabelece que a utilização de testes psicológicos tidos como desfavoráveis pelo SATEPSI é considerada falta

---

11. Para mais informações, consultar o site: https://satepsi.cfp.org.br/

ética do psicólogo (CFP, 2022). Tal pressuposto se torna importante no contexto da vida religiosa consagrada e presbiteral porque, entre outros motivos, se enfatiza a prioridade no uso de testes que meçam o que se pretende medir, que tenham base psicométrica confirmada, forneçam pressupostos psicológicos padronizados e que sejam culturalmente inseridos etc. Nesse sentido, é importante conhecer a lista de testes aprovados para serem administrados no território nacional, disponibilizada nos meios de comunicação online.

Como devem ser tratadas as informações obtidas no psicodiagnóstico? Em se tratando das indicações do Magistério Eclesial, o resultado deve ser comunicado "diretamente ao interessado e exclusivamente às pessoas legitimamente autorizadas a conhecer tais dados" (Congregação para o Clero, 2016). Como procedimento:

> [...] efetuada a averiguação, tendo em conta, também, as indicações oferecidas pelos formadores e, somente com o *consentimento prévio* e *escrito* do candidato, o especialista dará aos formadores o seu contributo para a compreensão do tipo de personalidade e de problemas que a pessoa está enfrentando ou deve enfrentar (Congregação para a Educação Católica, 2008).

Em termos mais concretos, as pessoas legitimamente responsáveis são: o bispo, o reitor do seminário e o diretor espiritual. Como podemos observar, conforme as indicações dos documentos da Igreja sobre a formação, são diversas pessoas, além do interessado, que poderão ter acesso às conclusões do psicodiagnóstico.

O CFP, ao abordar a devolutiva dos documentos produzidos pelo psicólogo, prevê que "os documentos produzidos pela(o) psicóloga(o) devem ser entregues diretamente ao beneficiário da prestação do serviço psicológico, ao seu responsável legal e/ou ao solicitante, em entrevista devolutiva" (CFP, 2019).

Mas qual o limite que garante o sigilo profissional e, assim, a privacidade do/a vocacionado/a, do/a religioso/a consagrado/a ou do presbítero? O Código de ética profissional do psicólogo diz que "o psicólogo, no relacionamento com profissionais não psicólogos [...], compartilhará somente informações relevantes para qualificar o serviço prestado, resguardando o caráter confidencial das comunicações, assinalando a responsabilidade, de quem as receber, de preservar o sigilo" (CFP, 2014). Mais adiante, o Código ressalta que "é dever do psicólogo respeitar o sigilo profissional a fim de proteger, por meio da confidencialidade, a intimidade das pessoas, grupos ou organizações, a que tenha acesso no exercício profissional" (CFP, 2014). Em caso de interrupção dos atendimentos, por qualquer motivo, "ele deverá zelar pelo destino dos seus arquivos confidenciais" (CFP, 2014).

Em uma resolução do ano de 2010, o Conselho Federal de Psicologia salienta, entre outras indicações práticas sobre a escuta psicológica, que o psicólogo "compartilhará somente informações relevantes para qualificar o serviço prestado com outros profissionais envolvidos no atendimento" (CFP, 2010). Enfatiza-se, também, que o psicólogo "atuará em equipe multiprofissional preservando sua especificidade e limite de intervenção, sem subordinação técnica a profissionais de outras áreas" (CFP, 2010).

Diante da complexidade que envolve as implicações éticas da avaliação psicológica, concordamos com as conclusões de Frezzato e Pinto (2016). No que diz respeito ao sigilo profissional, o psicólogo que está envolvido com os contextos formativos tem ao menos três limites claramente estabelecidos, ainda que confluentes em alguns aspectos: (1) os óbvios limites do método e da técnica; (2) os limites delicados referentes ao que o formando admite ou solicita que seja informado ao formador e a como isso pode ser feito; (3) o acesso aos documentos profissionais eventualmente produzidos para o exercício da função[12]. Ao lidar com o sigilo profissional, o psicólogo compreende que sigilo não significa não revelar aos demais membros da equipe formativa o que observa a partir de sua perspectiva, mas revelar apenas o necessário e o suficiente para a eficácia do acompanhamento formativo vocacional (Frezzato; Pinto, 2016).

---

12. A Resolução do CFP 06/2019 comentada propõe, na seção III intitulada "Conceito, Finalidade e Estrutura", no Art. 12, os elementos constitutivos do intitulado "relatório multiprofissional". Esse orienta para o trabalho multidisciplinar, resguardando os princípios da ética profissional.

Janela interativa 6
A ética profissional no psicodiagnóstico

Para um estudo mais aprofundado, no que diz respeito à área de avaliação psicológica, recomendamos a leitura das resoluções editadas pelo Conselho Federal de Psicologia (CFP):

– Sobre a aplicação dos princípios fundamentais contidos no Código de Ética Profissional do Psicólogo;

Resolução CFP nº 010/2005. Conferir em: http://site.cfp.org.br/wp-content/uploads/2005/07/resolucao2005_10.pdf

– Sobre a obrigatoriedade do registro documental decorrente da prestação de serviços psicológicos;

Resolução CFP nº 001/2009. Conferir em: http://site.cfp.org.br/wp-content/uploads/2009/04/resolucao2009_01.pdf

– Sobre a necessidade de regulamentar regras e procedimentos que devem ser reconhecidos e utilizados nas práticas em pesquisa (de laboratório, campo e ação);

Resolução CFP nº 016/2000. Conferir em: https://site.cfp.org.br/wp-content/uploads/2002/12/resolucao2002_16.PDF

– Definição e regulamentação do uso, da elaboração e da comercialização de testes psicológicos;

Resolução CFP n° 002/2003. Conferir em: http://site.cfp.org.br/wp-content/uploads/2003/03/resolucao2003_02_Anexo.pdf

- Estabelece diretrizes para a realização de avaliação psicológica no exercício profissional da psicóloga e do psicólogo, regulamenta o Sistema de Avaliação de Testes Psicológicos (SATEPSI);

    Resolução CFP n° 31/2022. Conferir em: https://atosoficiais.com.br/cfp/resolucao-do-exercicio-profissional-n31-2022-estabelece-diretrizes-para-a-realizacao-de-avaliacao-psicologica-no-exercicio-profissional-da-psicologa-e-do-psicologo-regulamenta-o-sistema-de-avaliacao-de-testes-psicologicos-satepsi-e-revoga-a-resolucao-cfp-no-09-2018?origin=instituicao&q=31/2022

- Manual de elaboração de documentos escritos produzidos pelo psicólogo e decorrentes de avaliação psicológica;

    Resolução CFP n° 007/2003. Conferir em: http://site.cfp.org.br/wp-content/uploads/2003/06/resolucao2003_7.pdf

- Reflete sobre a oferta de produtos e serviços ao público;

    Resolução CFP n° 011/2000. Conferir em: http://site.cfp.org.br/wp-content/uploads/2000/12/resolucao2000_11.pdf

- Cartilha de avaliação psicológica;

    Cartilha avaliação psicológica 2022. Conferir em: https://crppr.org.br/wp-content/uploads/2023/01/cartilha_avaliacao_psicologica_CFP_2022.pdf

Janela interativa

O psicodiagnóstico na perspectiva vocacional

No capítulo anterior, dedicamos algumas páginas para contextualizar o lugar da avaliação psicológica, especificamente o psicodiagnóstico, na complexidade do contexto formativo à vida religiosa consagrada e presbiteral. Observamos um longo percurso feito na busca pela convergência entre o contexto formativo e o uso dos instrumentos psicológicos. Atualmente, a avaliação psicológica se tornou um recurso cada vez mais requisitado nos contextos formativos, mesmo que, na maioria das vezes, os resultados fiquem desintegrados do percurso formativo. Tal cisão faz com que a avaliação psicológica se torne, potencialmente, classificador de normalidade ou de patologia presente na estrutura de personalidade dos/as religiosos/as consagrados/as, dos presbíteros ou dos/as vocacionados/as.

No contexto teórico deste livro, é essencial definir, claramente, o conceito de psicodiagnóstico na perspectiva vocacional, para evitar possíveis incompreensões. É importante, inicialmente, enfatizar que o psicólogo não pode ter a vocação como "objeto" de estudo, no sentido do discernimento vocacional, que continua sendo uma ação eminentemente teológica, conforme enfatizamos nos tópicos anteriores (Congregação para a Educação Católica, 2008). Digamos que o agir do psicólogo se concentra em indicar os recursos psicológicos, contextualizados segundo a realidade que vive cada vocacionado/a, presbítero ou religioso/a consagrado/a. Na *Ratio Fundamentalis*, lemos que "cada especialista deve limitar-se a intervir no campo que lhe é próprio, sem se pronunciar em mérito à idoneidade dos seminaristas ao sacerdócio" (Congregação para o Clero, 2016). A intervenção do psicólogo, desse modo, consiste em indicar os elementos descritivos que constituem a personalidade, tendo como referência o desenvolvimento humano e vocacional, indicando um prognóstico que pode favorecer o equilíbrio psíquico, apesar do possível diagnóstico psicopatológico.

Entre as contribuições que a psicologia pode oferecer à vida religiosa consagrada e presbiteral, além de identificar os prováveis aspectos problemáticos da personalidade, está a de contribuir ativamente com o desenvolvimento do sujeito. Essas duas dimensões, ou seja, a dimensão psicológica e a formativa, compartilham dois aspectos considerados importantes na relação de convergência entre a psicologia e o contexto formativo: o aspecto psicoterapêutico (característico da psicologia) e o aspecto formativo/pedagógico (característico do contexto religioso).

O fato é que não podemos mais aceitar que a função da psicologia no contexto eclesial seja predominantemente curativa, emendativa, como comumente se desenvolveu em tempos passados (Godin, 1975). Na verdade, essa nova epistemologia parte do princípio de que a psicologia toca a dimensão mais profunda do ser humano e deve ser considerada como uma ferramenta para o desenvolvimento e o crescimento humano e vocacional.

O psicodiagnóstico e a vocação: perspectivas

A esse ponto deste capítulo, temos que abordar o argumento da definição do psicodiagnóstico na perspectiva vocacional. Tal conceitualização é fundamental para evitar erros de abordagem que levem a confundir o percurso formativo ou, até mesmo, a fazer um mau uso dos relatórios clínicos, geralmente entregues às instituições e ao próprio sujeito requerente. O principal objetivo para esclarecer tais pressupostos teóricos é evitar que as riquezas surgidas no psicodiagnóstico acabem somente no arquivo confidencial da diocese ou da congregação religiosa, sem uma aplicabilidade prática e formativa.

Na perspectiva vocacional definimos o psicodiagnóstico como:

> [...] o diagnóstico psicológico da personalidade dos/as vocacionados/as. É um método científico de conhecimento e intervenção sobre o psiquismo dos sujeitos, sobre a estrutura e a dinâmica da personalidade, com particular referência às atitudes e motivações necessárias para prosseguir com a vocação religiosa ou presbiteral em um determinado carisma ou diocese (Del Core, 2002, p. 5).

Nessa definição, podemos ver que a psicologia se situa em um ponto específico dentro de um caminho mais amplo, que inclui a vocação que se desenvolve no percurso existencial, que sustenta o caminho do crescimento humano e vocacional.

Para desenvolver um percurso psicodiagnóstico que tenha um objetivo formativo, é imprescindível ir além dos sintomas ou do mal-estar psicologicamente debilitante, para focalizar os aspectos propositivos que caracterizam a estrutura da personalidade. Por isso, enfatizaremos com frequência que o psicodiagnóstico terá seu objetivo alcançado quando encontrar ressonância na cotidianidade. Porém, não de maneira desordenada, mas inserido em um projeto vocacional.

O projeto vocacional considera os recursos presentes no momento, nos quais as forças vitais podem ser engajadas, para caracterizar o desejo de adaptação e de mudança que perdura por toda a existência. Essa visão construtiva do ser humano é parte integrante de um projeto personalizado de aprendizagem ao longo da vida, que inclui um percurso de mudanças reais, qualificando não só a classificação das categorias diagnósticas ou o tipo de sofrimento psíquico, mas, sobretudo, a busca de sentido que cada um carrega dentro de si mesmo, como uma contínua tensão dinâmica, orientada para o desenvolvimento humano e vocacional (Sanagiotto, 2022a).

Do ponto de vista vocacional, o psicodiagnóstico motiva o sujeito e o contexto formativo a orientar e a progredir na direção de um determinado objetivo, apesar dos obstáculos e eventos adversos que possam surgir ao longo do caminho formativo/vocacional. Dessa forma, o/a vocacionado/a, o presbítero ou o/a religioso/a consagrado/a pode se conscientizar de que pode mudar em um determinado momento, seja ele motivado por uma problemática psicológica específica, ou pelas mudanças vindas nas diversas fases da existência. Tal compreensão psicodiagnóstica contribui para evitar a redução dos sujeitos a uma categoria diagnóstica padronizada, buscando, ao invés, novas oportunidades de sentido existencial. Esse é o objetivo do psicodiagnóstico na perspectiva formativa: implementar uma dinâmica transformadora que vá da conscientização das necessidades individuais à construção de novos significados que abrangem a globalidade de toda a existência.

Dos resultados vindos de um processo de psicodiagnóstico na perspectiva vocacional, o/a vocacionado/a, o presbítero ou o/a religioso/a consagrado/a pode retomar o próprio caminho evolutivo para poder dar um significado orientativo à própria existência. Essa processualidade considera os eventos individuais, que causaram o sofrimento, para recuperar a capacidade de simbolizar, transformar e criar, em colaboração e em harmonia com os demais; no contexto eclesial, referimo-nos à vida comunitária ou à fraternidade presbiteral. Essa perspectiva tem um valor vocacional, porque motiva o sujeito a sair de uma concepção determinista dos problemas psicológicos, para avançar para uma nova forma de viver. É uma necessidade primordial, que impulsiona cada vocacionado/a, presbítero ou religioso/a consagrado/a para uma qualidade de vida, para a capacidade de integrar-se em uma evolução constante e criativa.

Essa aspiração à mudança envolve uma compreensão diferente dos fatores presentes na personalidade (categorias diagnósticas), pois estimula o/a vocacionado/a, o presbítero ou o/a religioso/a consagrado/a, por meio de um planejamento formativo, a sair da compreensão "confortável" da problemática psicológica. O objetivo do psicodiagnóstico na perspectiva vocacional é estimular a natureza transformadora da escolha vocacional. Em outras palavras, é a redescoberta do planejamento vocacional ao interno de toda a existência.

Dessa forma, novos elementos de natureza formativa são introduzidos no psicodiagnóstico na perspectiva vocacional: antes de tudo, a dimensão histórica, mas também a dimensão evolutiva. A dimensão histórica permite identificar a continuidade pela qual é possível explicar por que alguém possui determinadas características. A dimensão evolutiva, por sua vez, permite compreender as mudanças ocorridas ao longo do tempo e que, portanto, podem continuar presentes na história de alguém.

A combinação dessas duas dimensões, ou seja, a histórica e a evolutiva, permite distinguir o particular na unidade, não só como componente categórico e estrutural da personalidade, mas também como dinamismo prospectivo do desenvolvimento evolutivo que se faz presente na forma como cada um encara a vida. A integração dessas dimensões, como parte constitutiva do processo formativo, ajuda a reavaliar o diagnóstico psicológico – bem como qualquer outra intervenção psicológica – por meio de um trabalho qualificado de formação contínua. Isso acontece porque permite explicar a dinâmica de determinados comportamentos que o/a vocacionado/a, o presbítero ou o/a religioso/a consagrado/a ativa para se descrever, entendendo por que os usa.

Portanto, não basta perguntar como a pessoa é constituída ou classificar as patologias em "incubação"; não basta focar no que torna a personalidade estruturada como ela é, com um código distintivo específico que categoriza um certo modo de ser ou uma determinada psicopatologia. Também é importante considerar como a pessoa organiza a si mesma e as suas relações interpessoais, para ver como pode continuar em um processo de crescimento, baseado nas características de personalidade que se destacam. E isso só é possível "observando", avaliando a forma como a vida é encarada. Conhecer a pessoa em suas características não é tudo, mas é o ponto de partida que ajuda a explicar a sua história evolutiva.

Por isso, o psicodiagnóstico na perspectiva vocacional deve ajudar o/a vocacionado/a, o/a religioso/a consagrado/a ou o presbítero a identificar as convicções mais profundas que estão presentes na sua estrutura de personalidade, e não se limitar a uma relação descritiva da pessoa. Só assim será possível facilitar a integração entre as diferentes dimensões de si mesmo, classificadas em tipos específicos, com os recursos à disposição do sujeito, que geralmente "escapam" às classificações diagnósticas usuais. O objetivo é harmonizar os resultados da avaliação psicológica com a perspectiva evolutiva, condizente com as necessidades existenciais, por vezes obscurecidas por um estilo de adaptação estereotipada, ligada ao passado.

Assim, o indivíduo, único em sua humanidade e em suas características básicas, pode ser protagonista das mudanças, reapropriando-se de seu projeto vocacional, redescobrindo o fundamento de sua própria existência. Da sua singularidade e capacidade de adaptação, já vivenciada ao longo do ciclo evolutivo e da sua história pessoal, surge aquela oportunidade que está em consonância com o desenvolvimento existencial.

É importante resgatar o potencial do psicodiagnóstico, inserido em um determinado estilo de vida. Tal dinâmica possibilita integrar os elementos identificados nas categorias diagnósticas, com uma nova capacidade de adaptação, que leva em conta a dimensão vocacional das aspirações pessoais, que muitas vezes se tornam problemáticas em um determinado estilo de envolvimento pastoral, por exemplo. Somente a partir desses aspectos pode-se retomar o caminho do crescimento, enriquecido por novos entendimentos e novos horizontes a serem vividos. Dessa forma, revive-se aquele desenvolvimento evolutivo em que os vários componentes da personalidade se integram na totalidade do ser, inserido na realidade.

Estamos cientes de que não é possível classificar todos os aspectos da personalidade, ou habilidades individuais, sem considerar como o indivíduo os utiliza nas diferentes fases de sua existência. Também não é possível separar a descrição de um sintoma ou psicopatologia do desenvolvimento da existência do sujeito, mesmo quando se trata de um problema definido nos critérios diagnósticos que enquadram a gravidade do comportamento. Qualquer diagnóstico estrutural, por mais preciso que seja, não consegue abranger toda a variabilidade presente na história existencial do indivíduo, nem se aproximar de novos significados que possam surgir na narração da vida e das relações significativas que envolvem toda a existência.

Portanto, um psicodiagnóstico, se quisermos que seja realmente útil para a vida e para um percurso formativo (inicial ou permanente), não pode se reduzir a elencar os fatores específicos responsáveis pelo bem-estar ou mal-estar do sujeito. Isso se aplica mesmo quando o indivíduo está bem-motivado, como no caso do psicodiagnóstico feito no início da trajetória vocacional.

O psicodiagnóstico e a vocação: conteúdos relevantes

A formação, inicial e permanente, é de fundamental importância para que os/as vocacionados/as, os presbíteros e os/as religiosos/as consagrados/as continuem a se formar na perspectiva da maturidade humana e vocacional. Em uma recente pesquisa, em que estudamos a síndrome de burnout na práxis pastoral dos presbíteros e dos religiosos consagrados brasileiros, os resultados indicaram que há um envolvimento pastoral que pode se tornar problemático (Sanagiotto; Pacciolla, 2022b). Porém, além de identificar os sintomas psicológicos que podem ser observados no *corpus* eclesiástico, é essencial planejar intervenções formativas tanto no aspecto psicoterapêutico quanto no aspecto formativo-existencial, objetivo do psicodiagnóstico na perspectiva vocacional.

Do ponto de vista do percurso formativo dos/as vocacionados/as, dos presbíteros e dos/as religiosos/as consagrados/as, as diferentes fases do ciclo vocacional pressupõem assumir as tarefas institucionais, que podem envolver riscos na práxis pastoral, em matéria de saúde mental. Do ponto de vista vocacional, o psicodiagnóstico permite avaliar o problema, mas também os recursos a serem utilizados para enfrentar os desafios inerentes à pastoral.

Com base no percurso teórico feito até o momento, consideramos que o psicodiagnóstico que integre o percurso formativo e a psicologia em um planejamento vocacional precisa ser feito conforme os seguintes conteúdos:

a) O psicodiagnóstico pressupõe o uso de instrumentos psicológicos que ajudem a descrever a dinâmica da personalidade e das relações. O psicólogo, segundo o contexto do psicodiagnóstico, escolhe quais instrumentos são mais adequados para serem usados, desde que tenham um valor clínico e científico;

b) A compreensão da dinâmica do contexto formativo e da vida do/a vocacionado/a, do presbítero ou do/a religioso/a consagrado/a: a instituição a que pertence, a dinâmica formativa, a sua relação com o sofrimento, as suas relações interpessoais, o idealismo relativo à escolha vocacional etc.;

c) A dinâmica do ciclo vital e do ciclo vocacional com o objetivo de compreender o nível de responsabilidade, os "riscos" associados à escolha vocacional e as possibilidades formativas;

d) A indicação psicodiagnóstica dos fatores relevantes para o percurso formativo, em harmonia com o contexto narrativo do/a vocacionado/a, do presbítero ou do/a religioso/a consagrado/a. Essa indicação significa a transição do psicodiagnóstico para o contexto formativo, permitindo aos/as vocacionados/as, aos presbíteros e aos/as religiosos/as consagrados/as (até mesmo à instituição religiosa ou à diocese a que pertencem) abrir novos horizontes de crescimento, nos quais as estratégias formativas se inserem ao longo da existência;

e) Finalmente, o desenvolvimento de um método que permita avaliar as mudanças que ocorreram, com o objetivo de acompanhar o crescimento vocacional (percurso formativo), o crescimento humano (percurso psicoterapêutico) e o bem-estar psicológico. Por se tratar de uma intervenção que visa identificar, facilitar, compreender a vivência vocacional e pastoral, seria necessário um acompanhamento formativo qualificado que avalie o percurso da maturidade humana e vocacional.

A proposta que representamos indica um caminho metodológico para desenvolver uma relação capaz de integrar a psicologia (o psicólogo, o uso dos instrumentos psicológicos etc.), o contexto de formação eclesial (os responsáveis pelo desenvolvimento dos programas de formação) e os diferentes aspectos de natureza formativa (dimensão experiencial, relacional, humana, dimensão pastoral, dimensão espiritual, valores etc.). O desenvolvimento de projetos formativos que emergiram de um psicodiagnóstico na perspectiva vocacional ajuda-nos a compreender a dinâmica pessoal do indivíduo, mas também a dinâmica do grupo em que está inserido.

Síntese conclusiva

O uso da psicologia dentro dos contextos formativos, entre tantas possibilidades, é solicitado no percurso do discernimento vocacional, quando é necessário conhecer o candidato para admiti-lo ao caminho formativo: algumas vezes se solicita o laudo psicológico para ajudar a "discernir as vocações consideradas problemáticas"; outras vezes, busca-se a ajuda psicológica diante das crises vocacionais, com o objetivo de encontrar estratégias para resolver casos urgentes. Mesmo que a psicologia seja usada, prevalentemente, para resolver casos problemáticos, percebemos algumas mudanças pontuais no contexto eclesial brasileiro, que indicam novas perspectivas, especialmente durante o período da formação permanente.

Em sentido mais amplo, pouco ou quase nada se faz para inserir o diagnóstico psicológico dentro de um projeto vocacional que considere toda a existência, com perspectiva futura, e que pondere o processo evolutivo do/a religioso/a consagrado/a ou do presbítero. Tal perspectiva pressupõe o uso da psicologia (como consequência, o psicodiagnóstico) dentro de um processo psicoeducativo. É uma mudança importante porque permite considerar, entre tantas possibilidades, a história de cada consagrado(a)/presbítero, as diversas fases do desenvolvimento humano, o ciclo vocacional, os desafios que podem surgir a partir do momento em que se envolve plenamente no trabalho pastoral.

Um projeto formativo que perpasse os limites do tempo presente obrigaria a não focalizar unicamente as urgências dos episódios psicopatológicos ou dos momentos críticos que os/as religiosos/as consagrados/as ou os presbíteros vivem. Um diagnóstico inserido no projeto vocacional mudaria a atenção para o desenvolvimento do ciclo da vida, tendo uma validade formativa no que diz respeito às dificuldades reais que a pessoa vive e ao seu processo de crescimento. Desse modo, os mesmos eventos críticos (o caráter, a idade, os conflitos) não seriam mais considerados eventos extras à formação permanente, mas seriam parte do caminho de maturidade e, portanto, de integração com o projeto vocacional.

Tal proposta comporta um modo diferente de entender a formação permanente não mais fragmentada, mas capaz de "manifestar a característica da totalidade. Deverá ser formação da pessoa toda, nos vários aspectos da sua individualidade, tanto nos comportamentos como nas intenções. Exatamente porque tende à transformação da pessoa toda, está claro que o dever da formação nunca termina" (João Paulo II, 1996). Além disso, esse método nos permite monitorar o andamento do percurso vocacional, seguindo critérios metodológicos e formativos, seja nos quesitos psicológico, motivacional ou espiritual.

Conhecer a pessoa que se consagra à vida religiosa consagrada e presbiteral e saber quais são os possíveis pontos frágeis ou problemáticos da sua personalidade significa desenvolver um projeto pessoal no qual se tenha espaço para um psicodiagnóstico. Tal processo ajuda a discernir os reais sinais da resposta vocacional para integrá-los em um percurso de crescimento que motiva o desenvolvimento e a transformação integral e continuada.

Isso significa favorecer uma prospectiva evolutiva da formação permanente, que considere o presbítero ou o/a religioso/a consagrado/a como aquele que se envolve em primeira pessoa no seu processo de formação permanente. O percurso que se instala é de avaliação dos comportamentos, conquistas e pontos que ainda precisam ser melhorados, tendo em vista a congruência entre a vocação e as características pessoais.

Janela interativa 7
Aspectos éticos na realização da avaliação psicológica

Em qualquer relação, é necessária uma conduta ética, e para a prática do psicólogo, assim como de qualquer profissão, há um Código de Ética que orienta a relação do psicólogo com o ser humano e a sociedade. O psicólogo precisa ter conhecimento e atuar conforme os preceitos éticos envolvidos na avaliação psicológica, que estão estipulados no Código. Mais do que agir dentro da ética para evitar punição, caso infrinja o Código, é imprescindível que o psicólogo tenha consciência de que o comportamento ético é vital para boas relações interpessoais e o funcionamento da sociedade. Alguns pontos do código de ética são mais específicos para a administração da avaliação psicológica e de testes psicológicos.

Quanto à **responsabilidade** do psicólogo:
- Prestar serviço, utilizando conhecimentos e técnicas reconhecidamente fundamentadas na ciência psicológica;
- Fornecer informações sobre o objetivo do trabalho que será realizado;
- Fornecer informações, a quem de direito, sobre os resultados de serviço psicológico prestado, transmitindo somente o que for necessário para tomada de decisão que afete o usuário ou beneficiário;
- Zelar pela guarda, empréstimo, comercialização, aquisição e doação de material privativo do psicólogo.

Já sobre o que é **vedado** ao psicólogo:
- Emitir documento sem qualidade técnico-científica;
- Interferir na validade e fidedignidade de instrumentos e técnicas psicológicas, adulterar seus resultados ou fazer declarações falsas;
- Ser perito avaliador ou parecerista em situações em que há vínculos pessoais ou profissionais; realizar diagnósticos, divulgar procedimentos ou resultados que exponham pessoas, grupos ou organizações;
- Não divulgar, ensinar, ceder, emprestar ou vender a leigos instrumentos e técnicas psicológicas que permitam ou facilitem o exercício ilegal da profissão (Lins; Borsa, 2017).

III
O PSICODIAGNÓSTICO DA EXPERIÊNCIA RELIGIOSA PROBLEMÁTICA NO CONTEXTO CLÍNICO

Resumo do capítulo: o objetivo deste capítulo é apresentar a compreensão do *Manual Diagnóstico e Estatístico de Transtornos Mentais* (DSM) em relação à religião e à espiritualidade no contexto clínico. Para fazer isso, basearemos nossa análise no código Z65.8 ("problema religioso ou espiritual") de um ponto de vista histórico, teórico e clínico. Por um lado, ao colocar a religião e a espiritualidade em uma categorização cultural, os autores do DSM-5 estabeleceram sua solução para o debate sobre o significado da religião/espiritualidade na prática clínica. Talvez um dos perigos preeminentes seja aquele da medicalização e da psiquiatrização de alguns problemas considerados existenciais, incentivando a abordagem patologizante dos problemas religiosos ou espirituais. Em se tratando da experiência religiosa no contexto eclesial, o psicodiagnóstico na perspectiva vocacional precisa considerar outros fatores igualmente importantes. Entre eles, analisar o limite entre a experiência religiosa problemática e a vivência vocacional.

Palavras-chave: experiência religiosa/espiritual, psicoterapia clínica, DSM-5-TR, diagnóstico diferencial.

A relação entre a religiosidade e a saúde mental tem um longo percurso, construído na diversidade de conclusões e pontos de observação. As pesquisas científicas abordaram a temática seja na perspectiva histórica especulativa, seja na pesquisa clínica de caráter empírico. No limite dessa relação, temos o fenômeno religioso por nós abordado como a manifestação de uma experiência feita com o transcendente. Por meio do fenômeno religioso, é possível observar como as pessoas se relacionam com o transcendente (a experiência mística, a fé vivida na simplicidade etc.), mas também como essas lidam com a vida em sentido mais amplo. Além do aspecto vivencial, o fenômeno religioso pode atrair pelo seu aspecto excepcional e, em alguns casos, a experiência religiosa pode ser a manifestação de uma psicopatologia, seja ela com um diagnóstico claro ou em evolução preeminente.

Além do aspecto científico, identificado na sistematização teórica das pesquisas, temos o aspecto da prática clínica. O profissional da saúde mental precisa decidir se determinado comportamento faz parte da vivência de um fenômeno religioso, ou seja, uma experiência espiritual; ou se é um sintoma psicológico usado para enfrentar os problemas da vida, isto é, a manifestação de uma psicopatologia. O diagnóstico da experiência religiosa problemática não é tarefa fácil, e, muitas vezes, acontecem erros marcados pelo preconceito construído socialmente em torno da relação entre a religião e a ciência, ou, até mesmo, pelo despreparo do profissional nem sempre conhecedor do argumento e do contexto formativo da vida religiosa consagrada e presbiteral.

Mas qual é o limite entre uma experiência religiosa e uma psicopatologia?[13] Dada a complexidade limítrofe do assunto abordado,

---

13. No campo da saúde mental existem dois manuais de classificação psicopatológica que orientam o profissional na elaboração de um diagnóstico: o *Manual Diagnóstico e Estatístico de Transtornos Mentais* (em inglês: *Diagnostic and Statistical Manual of Mental Disorders* – DSM), organizado pela Associação Americana de Psiquiatria (em inglês: American Psychiatric Association); e a *Classificação Estatística Internacional de Doenças e Problemas Relacionados com a Saúde* (em inglês: *The International Statistical Classification of Diseases and Related Health Problems* – CID), publicada pela Organização Mundial da Saúde (em inglês: World Health Organization – WHO). Quando nos referimos ao diagnóstico psicopatológico, ambos são utilizados por profissionais da psiquiatria e da psicologia. No entanto, o DSM é significativamente mais usado devido à sua discreta versatilidade na interpretação dos distúrbios mentais.

torna-se fundamental estar atento a cada caso para se fazer um diagnóstico diferenciado na perspectiva de tratar os possíveis distúrbios que se manifestam na prática religiosa. O objetivo deste capítulo é apresentar a interpretação dada pelo DSM em relação à religião e à espiritualidade no contexto clínico. Para isso, faremos uma análise aprofundada do código Z65.8 (*"problema religioso ou espiritual"*) do ponto de vista histórico, teórico e clínico.

Para além do contraste entre os aspectos psicodiagnósticos e a religiosidade, ilustrados nos manuais de psicopatologia, parece-nos importante enfatizar os elementos que nos ajudam a distinguir entre uma experiência religiosa/espiritual problemática e uma vivência religiosa/espiritual que possa ser utilizada como recurso dentro de um projeto vocacional. O psicodiagnóstico deve, portanto, ser feito tendo em vista a intervenção que considera toda a existência humana, com o objetivo de enfatizar os recursos que potencializem o crescimento humano e vocacional.

Em síntese, neste capítulo propomos dois objetivos que se referem ao psicodiagnóstico na perspectiva vocacional: o primeiro é entender a relação entre o psicodiagnóstico e os contextos formativos à vida religiosa consagrada e presbiteral; o segundo é identificar as características da experiência religiosa problemática segundo o DSM-5-TR, para facilitar, em nível teórico, um psicodiagnóstico diferencial que potencialize o crescimento humano e vocacional nos contextos formativos eclesiais.

A constatação de um fato: a religião e a espiritualidade no contexto clínico

O assunto religioso, direta ou indiretamente, é frequente nos ambientes psicoterapêuticos. Muitos pacientes fazem referência às experiências religiosas no enfrentamento de seus problemas psicológicos, sendo que muitos desses já confiaram a algum poder divino a resolução de seus problemas antes de procurar um profissional. De fato, pesquisas mostram que o apoio psicológico é mais eficaz quando adaptado às características particulares do paciente, incluindo sua visão de mundo, seus valores, sua espiritualidade e religiosidade (Pacciolla, 2014). Estudos têm demonstrado que muitas pessoas que tiveram experiências traumáticas buscaram ajuda na espiritualidade, considerando-a um recurso importante (Murray-Swank; Pargament, 2005). Porém, nem toda experiência religiosa pode ser considerada saudável, tampouco denominada uma experiência espiritual.

Parece-nos importante começar com a constatação de que, no contexto clínico, surgem questões relacionadas à experiência religiosa problemática. Partiremos dessa realidade para entender a atitude do profissional quando se defronta com a experiência religiosa conflitual no contexto psicoterapêutico; no segundo momento, dedicaremo-nos à compreensão do ponto em que a religião/espiritualidade se torna um fator de sofrimento psicológico e, portanto, precisa ser feito um diagnóstico que indique claramente o fator psicopatológico.

O fato de levar em consideração questões espirituais e religiosas na psicoterapia assim como a necessidade de fazer um diagnóstico assertivo são particularmente evidentes no trabalho com os chamados "pacientes religiosos" (Worthington *et al.*, 1996). Em se tratando do contexto clínico, os pacientes geralmente se referem a algum tipo de crença e prática religiosa para ajudar a si mesmos a suportar o sofrimento psicológico (Soeiro *et al.*, 2008). Observou-se, no entanto, que em muitos dos que são diagnosticados com alguma patologia psíquica, a sua religiosidade ou espiritualidade é *a priori* considerada um sintoma da doença. Além disso, os pacientes, quando observam alguma atitude negativa dos psiquiatras ou dos psicoterapeutas diante da experiência religiosa, decidem não revelar as suas experiências religiosas, perguntas ou preocupações espirituais (Pargament; Murray-Swank; Tarakeshwar, 2005).

Dos dados encontrados na literatura psicológica, os problemas religiosos e espirituais costumam estar ligados a dois conflitos: o primeiro, que chamamos de *interpessoal*, diz respeito aos valores espirituais ou religiosos que ocorrem entre os indivíduos em seu ambiente social ou religioso; e o segundo é o *intrapsíquico*, que se refere aos confrontos entre os valores declarados e as necessidades da religião professada, chegando às vezes à culpa, ansiedade e baixa autoestima, ao sentimento de perda de contato com a realidade e à perda de sentido da vida (Crea, 2013).

Pesquisas elaboradas em diferentes contextos socioculturais descobriram que cresce o número de pessoas que procuram ajuda psicológica devido ao desconforto resultante de problemas religiosos ou espirituais. Cada vez mais se responde positivamente à pergunta "você já foi influenciado pela presença de uma força – denominada ou não como Deus – que é diferente de você?" (Lukoff; Lu; Yang, 2011). Em 1973 eram 27% dessas pessoas; em 1986 eram 42%; em 1990 eram 54%; e em 2001 eram 70%. Em outra pesquisa, os psicólogos indicaram que, nos últimos doze meses, 45% de seus pacientes disseram ter algum tipo de experiência religiosa que os fez refletir sobre os fatos da vida (Allman *et al.*, 1992).

No entanto, estudos também mostram que os profissionais da saúde mental realizavam a avaliação diagnóstica de pacientes com experiências religiosas/espirituais tendo como base as suas próprias normas culturais. Além disso, pesquisas indicam que esses profissionais não foram treinados suficientemente para distinguir uma doença mental de uma experiência religiosa (Jonna, 1991). Mais singular é o fato de que os casos analisados por eles eram interpretados com frequência em termos de psicopatologia. Embora a maioria dos profissionais não correlacionasse experiências místicas como um sinal de psicose, alguns pensaram que esses pacientes eram "potencialmente psicóticos", independentemente das informações fornecidas pelos pacientes. Outros, por sua vez, não viram sinais óbvios de psicose (como cognição prejudicada e comportamento estranho) em experiências religiosas/espirituais e diagnosticavam esses pacientes como "provavelmente não psicóticos", não interpretando quão psicóticos fossem seus pensamentos e comportamentos (Sanderson; Vandenberg; Paese, 1999).

As diretrizes da *American Psychiatric Association* (Lu, 2000) e da *American Psychological Association* (Pargament; Mahoney; Shafranske, 2014), seguindo resultados de pesquisas elaboradas sobre os vínculos entre religião/espiritualidade e saúde mental/psicopatologia (Hackney, 2010) solicitam aos profissionais da saúde mental que formulem um diagnóstico diferencial entre: (1) problemas religiosos/espirituais não relacionados a transtornos mentais e (2) aqueles com sintomas de transtorno.

No primeiro caso, a religião/espiritualidade tem uma função positiva: ajuda as pessoas a encontrar melhores maneiras de se adaptar no mundo. No segundo caso, a experiência religiosa se torna uma expressão controladora do pensamento e do comportamento dos indivíduos, já que, por meio da confirmação em um contexto religioso, a religião/espiritualidade fornece mecanismos para fuga da realidade. Assim, a religião cria condições favoráveis que fazem as pessoas com problemas de natureza psicológica evitarem enfrentar as dificuldades da vida. Nesse caso, a religião/espiritualidade pode exercer um efeito estressante sobre os seres humanos, aprofundando suas fraquezas ou levando à ocorrência de formas graves de sofrimento psicológico (Toussaint; Webb, 2005).

Quando a experiência religiosa se torna um problema clínico

Encontrar uma definição precisa de como a religião e a espiritualidade podem se tornar um problema clínico não é uma tarefa fácil. Ao estabelecer o limite entre a psicopatologia e a experiência religiosa, deve-se considerar não somente as indicações dos manuais diagnósticos, mas também o contexto sociorreligioso (Menezes; Alminhana; Moreira-Almeida, 2012). Em outras palavras, uma experiência mística, por exemplo, no contexto da psiquiatria pode ser entendida como uma psicopatologia, enquanto no ambiente religioso é vista como uma manifestação de Deus. Procuremos estabelecer bem esse limite, pois ajudará o profissional da saúde mental no momento de fazer o diagnóstico diferencial.

Como ponto de partida, devemos considerar que a experiência religiosa/espiritual é geralmente associada às diferentes formas de adaptação pessoal. Exemplos incluem a relação entre a vivência religiosa/espiritual e a busca por um sentido na vida (Carelli; Fizzotti; Frankl, 1990); outras pesquisas científicas, recentemente publicadas, abordam diretamente a questão de saber se o âmbito religioso/espiritual pode estar associado aos distúrbios psicológicos (Koenig, 2009); finalmente, há quem aborda tópicos específicos, como a relação entre a prevenção às psicopatologias e a prática espiritual (Blazer, 2011). Mas como definir se uma experiência religiosa é patológica e, portanto, objeto da intervenção psicoterapêutica?

Pressupostos teóricos para um diagnóstico diferencial

Diferentemente do CID-10 (WHO, 1992), que definia os estados de transe, por exemplo, no contexto das psicopatologias (F44.3), anteriormente conhecidos como histeria; o DSM-IV (APA, 1995) e o DSM-5 (APA, 2014) permitiam que os estados de transe fossem tratados como manifestações de problemas religiosos ou espirituais, com a possibilidade de um diagnóstico diferenciado. Entre os códigos V do DSM-IV, que são análogos aos códigos Z da CID-10 ("*fatores que influenciam o* status *da saúde e o contato com os serviços de saúde*"), existia um código diretamente relacionado à religião e à espiritualidade chamado *"problema religioso ou espiritual"* (V62.89), que faz parte do conceito mais amplo chamado *"outras condições que podem ser o foco da atenção clínica"*. No CID-10, como parte dos códigos Z, esse diagnóstico só pode ser levado em consideração dentro do próprio código Z predefinido 71.8 (*"outros serviços de consultoria específicos"*) ou no código Z65.8 (*"outros problemas especificados relacionados a circunstâncias psicossociais"*).

Portanto, o código V62.89 (DSM-5), entre suas características diagnósticas, concentra-se nas situações críticas que são repentinas e representam breves respostas aos problemas religiosos ou espirituais específicos, tais quais: traumas, problemas familiares e relacionais, decepção com a Igreja, mudança de crenças ou de religião, diversas perdas, doenças físicas, esgotamento religioso, conflito de consciência, crise de identidade (Sperry, 2001). Os autores do código intitulado "*problema religioso ou espiritual*" enfatizam a importância de incluir nesse código experiências anormais, como: experiências de pico, experiências de quase-morte, estado de possessão demoníaca, experiência de precedentes encarnações, experiência de ser sequestrado por uma força estranha, contatos com espíritos ou uma experiência psíquica, crises xamânicas, experiências intensas relacionadas à meditação ou outras práticas espirituais (Sperry, 2001).

Eles dividiram essas experiências em dois grupos principais: no primeiro grupo, foram incluídas as experiências de crises associadas a uma mudança de consciência; no segundo grupo, foram incluídas as experiências que levaram à abertura de uma pessoa a dimensões psicologicamente mais sutis. A característica distintiva entre um grupo e outro é o fator de impacto positivo, apesar do "sofrimento psíquico" que essas experiências possam ter causado, isto é, considera-se como critério prático o desenvolvimento pessoal e espiritual dos pacientes (Lukoff *et al.*, 2010).

No atual DSM revisado (DSM-5-TR) (APA, 2023) e no CID-11 (WHO, 2022), houve uma unificação dos códigos, sendo que o código Z65.8 representa as questões relacionadas ao "*problema religioso ou espiritual*", ocupando o lugar do código V62.89, sem alterar, porém, seu conteúdo de base, e sendo descrito nos mesmos termos, ou seja, podendo ser usado quando houver um problema religioso ou espiritual no contexto clínico que leva a experiências angustiantes e/ou desadaptativas (APA, 2014). Portanto, o DSM-5 assume que a religião faz parte da cultura e a inclusão da religião e/ou espiritualidade na psicoterapia indica que esta pertence às preferências pessoais do paciente (APA, 2014, p. 869-871). Além disso, o profissional da saúde mental é eticamente incentivado a acompanhar o paciente de uma maneira que leve em consideração o contexto cultural e religioso (Turner *et al.*, 1995).

Esses podem ser usados não apenas para identificar problemas religiosos e espirituais correspondentes aos conceitos culturais de sofrimento, mas podem ser implementados na avaliação da religião ou espiritualidade de um indivíduo, considerada uma ferramenta para lidar com estressores psicossociais. De acordo com a hipótese do modelo médico, orientado sintomatologicamente e adotado no DSM-5, deve-se fazer o diagnóstico da religião ou espiritualidade do paciente quando esses causam problemas no seu funcionamento cotidiano (Reid; Wise, 1995). A espiritualidade ou a religiosidade são levadas em consideração no contexto clínico principalmente quando se manifestam como problemáticas.

O perfil diagnóstico: a emergência espiritual

Quando nos referimos à emergência espiritual, um primeiro ponto que deve ser considerado é a definição de experiência anômala. Na literatura especializada, existem diferentes definições, porém, que convergem para uma característica comum: há uma diferença entre os tipos de experiências, assim como também das explicações comumente aceitas sobre a realidade (Cardeña; Lynn; Krippner, 2014). Entretanto, a experiência anômala se diferencia da psicopatologia. Para compreender essa complexidade, citamos quatro possíveis relações (Almeida; Lotufo Neto, 2003):

a) *A sobreposição entre experiência anômala e psicopatologia*, ou seja, a experiência anômala em si é considerada a própria enfermidade;

b) *A experiência anômala contribui para o desenvolvimento de uma psicopatologia*: pela própria reação do *indivíduo* (por exemplo: ansiedade ou desenvolvimento de delírios para lidar com experiências perceptíveis incomuns) ou do *meio*, que pode rejeitar a experiência e o indivíduo, considerando como bizarro, demoníaco ou louco;

c) Quando a *psicopatologia contribui para a experiência anômala*: essa contribuição pode se dar de modo direto (uso de substâncias e/ou transtornos de humor gerando alucinações) ou indireto (psicopatologia gerando estresse que pode desencadear a experiência anômala);

d) Particularidades *do indivíduo que predispõem tanto para experiência anômala quanto para psicopatologia*: eventos vitais traumáticos, traços de personalidade (abertura para experiências), alterações neurológicas etc.

Em se tratando do perfil diagnóstico, os psiquiatras e psicólogos que desenvolveram o código Z65.8 consideram essas experiências anômalas como manifestações de *emergências espirituais*. Uma experiência religiosa se torna uma *emergência espiritual* quando o processo de crescimento humano se torna caótico. Os indivíduos que vivem esses episódios podem sentir que seu senso de identidade está entrando em colapso, que seus antigos valores não são mais verdadeiros e que a sua realidade pessoal está mudando radicalmente. Em muitos casos, novos domínios da experiência mística e espiritual entram em suas vidas de maneira repentina e dramática, causando medo e confusão. Eles podem experimentar ansiedade, ter dificuldade de lidar com a própria vida, com o trabalho e os relacionamentos diários, podendo, inclusive, manifestar temor por sua própria sanidade mental (Dubin-Vaughn, 1991).

Em outras palavras, a *emergência espiritual* não é culturalmente incompreensível para ser denominada como transtorno mental. Ela geralmente aparece como resultado de um envolvimento com práticas espirituais que podem levar a uma "sobrecarga psicológica", que não é, contudo, um sinal de psicopatologia (Lukoff *et al.*, 2010). Deve-se estar particularmente atento a dois tipos de manifestação das experiências religiosas/espirituais: (1) visões místicas das vozes da psicose; e (2) "a noite escura da alma" do quadro depressivo clínico (Sperry, 2001).

Os critérios que ajudam a diferenciar uma *emergência espiritual* de uma psicopatologia não são fáceis de identificar, porque entre as diferentes experiências que geralmente caracterizam a prática espiritual (ouvir a voz de Deus, ver vultos etc.), encontramos sintomas similares no transtorno mental (pensamento ilógico, comportamento desorganizado etc.). A diferença se estabelece quando, na emergência espiritual, – o que ajuda a planificar um diagnóstico diferencial – percebem-se as seguintes características (Lukoff; Lu; Turner, 1998):

a) Ter conhecimento e discursos tematicamente relacionados a tradições espirituais ou mitológicas;

b) Ter abertura à exploração da experiência espiritual vivida;

c) Não apresentar nenhuma desorganização conceitual.

Na presença de um fator agravante, isto é, a existência de um diagnóstico psicopatológico prévio, está a base da experiência espiritual psicopatológica.

Até o surgimento do DSM-IV, em suas versões anteriores e no CID, ou seja, até o ano de 1994, as experiências religiosas e espirituais, quando relatadas no contexto do psicodiagnóstico, eram consideradas causadoras da psicopatologia ou de sua expressão de sintomas na vida dos pacientes. O papel positivo da religião no funcionamento mental humano foi minimizado ou negado (Larson *et al.*, 1993). Um novo olhar sobre esses temas veio com a quarta edição do DSM, na qual mais espaço é dedicado aos aspectos culturais dos transtornos mentais por meio do desenvolvimento do "*glossário de sintomas relacionados à cultura*" e "*esquema de formulação cultural*". Também foi levado em consideração que a religião e a espiritualidade não são sinônimas – mesmo que uma possa incluir a outra –, e isso pode afetar o funcionamento humano de maneira diferenciada.

A dimensão espiritual: do contexto clínico ao contexto formativo

Ao situar a religião e a espiritualidade na esfera cultural, os autores do DSM-5 indicaram onde tais conceitos podem ocupar espaço, sem o risco de que os profissionais entrem na dinâmica do reducionismo profissional e enfrentem problemas com os órgãos reguladores da profissão ou silêncio em relação a essas manifestações da existência humana. Desde o surgimento do código V62.89 no contexto do psicodiagnóstico, também podemos observar que houve um aumento significativo no interesse em pesquisas sobre a relação entre a religião e a espiritualidade no contexto clínico, bem como na capacitação dos profissionais da saúde mental no diagnóstico dos chamados pacientes religiosos (Cambuy; Amatuzzi; Antunes, 2006).

Embora exista uma mudança positiva na psiquiatria e na psicologia em relação à religião e à espiritualidade, o que pode ser visto no código Z65.8 na classificação do DSM-5-TR, tais conceitos podem promover a medicalização e a psiquiatrização dos problemas ou experiências anteriormente consideradas existenciais (Giovini et al., 2011), religiosas ou espirituais (Peteet; Lu; Narrow, 2011). Uma tendência semelhante foi observada entre psiquiatras e psicólogos que trabalharam na preparação do DSM-5 em termos de problemas religiosos e espirituais no psicodiagnóstico, o que enfatiza, principalmente, a necessidade de estender a definição do código Z65.8 a outros tipos de experiências religiosas e expandir a lista de perguntas relacionadas a ele. Embora esses esforços visem aumentar a confiabilidade do diagnóstico diferencial com base no DSM, eles deixam uma série de questões não resolvidas relacionadas à definição de "*alucinações e delírios religiosos*" e à existência de experiências religiosas/espirituais na fronteira com a psicose, que se assemelham, em sua forma e conteúdo, a sintomas psicóticos com nuances religiosas e mitológicas (*alucinações e delírios*), mas com efeitos diferentes.

Parece problemático postular, no contexto do DSM, mais especificamente, no código Z65.8, uma nova definição clínica, "*experiência mística com características psicóticas*", que visa resolver o paradoxo espiritual-psicótico no diagnóstico diferencial. As pesquisas mostram que, de todos os transtornos psiquiátricos, os transtornos depressivos do humor estão mais intimamente relacionados às experiências espirituais ao longo de todo o espectro de sintomas. Os sintomas leves de depressão são frequentemente considerados sinais de desenvolvimento espiritual na maioria das tradições religiosas, enquanto seus sintomas clínicos são algumas vezes associados à resolução de uma crise espiritual. Além disso, a religião e a espiritualidade são frequentemente vistas como um meio de proteção contra a depressão ou uma forma de mitigar os sintomas (Blazer, 2011).

Para além das questões psicopatológicas da experiência religiosa problemática, importantes quando nos referimos ao psicodiagnóstico na perspectiva vocacional, poderíamos nos perguntar: como ativar o recurso da espiritualidade para o crescimento humano e vocacional? Tal pergunta nos coloca o desafio de indicar uma provável abordagem teórica que permita fazer um psicodiagnóstico em que a religião e as experiências espirituais – características da vocação à vida religiosa consagrada e presbiteral – sejam consideradas como potenciais recursos.

Muito mais que "fechar" à uma abordagem psicológica, parece-nos fundamental que, no contexto do psicodiagnóstico na perspectiva vocacional, seja considerada a experiência religiosa como uma dimensão a ser analisada, principalmente para entender até que ponto uma determinada resposta vocacional não seja a manifestação de uma provável psicopatologia.

O fato é que o modo de viver a religiosidade incide particularmente na vida dos/as religiosos/as consagrados/as e dos presbíteros, justamente porque diz respeito às motivações que sustentam a escolha vocacional, o envolvimento pastoral e a missão evangelizadora. Além disso, um modo distorcido de viver a religiosidade pode se tornar particularmente disfuncional, enfatizando os conflitos psíquicos que já estavam presentes na estrutura de personalidade. Citamos, por exemplo, o/a religioso/a consagrado/a ou o presbítero que percebe Deus como uma figura punitiva, como alguém que pode castigar. Os níveis de ansiedade e de mal-estar podem aumentar à mesma medida que aumenta a desorientação e a insegurança oriundas de um contexto pastoral, por exemplo, fazendo vacilar a já frágil estrutura de personalidade.

A situação pode se tornar ainda mais problemática se encontramos traços de personalidade particularmente vulneráveis a um certo modo de viver a religiosidade. Um/a vocacionado/a que busca a vida religiosa consagrada ou o presbitério que apresente um traço de personalidade obsessivo, por exemplo, pode endereçar ao comportamento religioso as suas dificuldades psíquicas, colocando em movimento toda uma dinâmica de rigidez estereotipada, arriscando-se a acentuar as suas problemáticas psíquicas interiores.

Definitivamente, se, de uma parte, a fé dos/as religiosos/as consagrados/as e dos presbíteros é o núcleo motivador da vida e da vocação, que o projeta ao sentido mais autêntico da existência, da outra parte existem aspectos da religiosidade que podem ser vividos ou percebidos de maneira negativa. Particularmente, enfatizamos entre aqueles religiosos consagrados ou presbíteros que já têm uma estrutura de personalidade com tendência a intensificar certas atitudes desadaptativas (Koenig, 2009).

Psicopatologia existencial: a questão da falta de sentido

Em uma recente pesquisa, propusemo-nos a analisar a relação entre a inteligência emocional e os domínios de personalidade psicopatológicos entre os presbíteros e os religiosos consagrados brasileiros (Sanagiotto; Pacciolla, 2022a). Entre as conclusões que nos interessam no contexto deste capítulo, evidenciamos que há alguns fatores socioculturais que são significativos no desenvolvimento de determinadas psicopatologias, especialmente aquelas ligadas à vivência vocacional. Em se tratando da inteligência emocional, por exemplo, os dados nos indicaram que os presbíteros e os religiosos consagrados que têm entre 41 e 50 anos de idade apresentam certa dificuldade em manejar as próprias emoções (Sanagiotto; Pacciolla, 2022a, p. 165).

Em outra pesquisa, desta vez no contexto da práxis pastoral, indicamos o perfil dos/as religiosos/as consagrados/as e dos presbíteros mais suscetíveis a se envolverem em uma dinâmica pastoral que pode conduzir à síndrome de burnout: entre 31 e 40 anos de idade, com até 20 anos de ordenação presbiteral ou votos perpétuos (quanto menor esse tempo, maior a probabilidade) e que trabalham mais de 50/60 horas semanais (Sanagiotto; Pacciolla, 2022b, p. 204).

Muitos dos aspectos patológicos evidenciados nas páginas deste livro, especificamente no que diz respeito aos presbíteros e aos religiosos consagrados, têm um fio condutor comum, que faz referência a certo mal-estar que vai além dos sintomas psicopatológicos, mas que diz respeito às motivações que estão na base de toda escolha vocacional. Esse mal-estar, tantas vezes, não encontra um nome específico nos manuais psicodiagnósticos, manifestando-se, porém, no modo como vive a experiência com o sagrado.

Neste ponto do nosso livro, já é bastante claro que, entre os presbíteros e os/as religiosos/as consagrados/as, encontramos determinadas problemáticas que podem conduzir ao sofrimento psicológico, quando não verdadeiras psicopatologias. Nesses últimos anos, por causa de uma grande quantidade de "casos problemáticos" que vêm à tona, emergiu a intenção de afrontar essas situações com audácia por parte da Igreja, promovendo formação aos seus membros para discernir as vocações à luz das questões psicológicas.

Neste capítulo, além da classificação dos manuais de psicopatologia, gostaríamos de voltar a nossa atenção para um âmbito que, à primeira vista, parece não ter a devida consideração diante do amplo campo das problemáticas que podem surgir na vida dos/as religiosos/as consagrados/as e dos presbíteros: as questões relacionadas à vivência da fé. Mas será possível que a motivação religiosa – muito importante na escolha vocacional – consiga se tornar causa de mal-estar e de sofrimento psicológico? Às vezes, a resposta a uma pergunta como essa pode ser mais complexa do que a classificação psicopatológica, sobretudo quando a experiência religiosa perde o impulso e se reduz a práticas desmotivadoras. Pior ainda é quando esse tipo de mal-estar vem disfarçado de uma fé habitual e estéril.

A perda do sentido vocacional da existência é particularmente negativa não somente para a psiquê, mas, sobretudo, para o sentido que se dá à própria vida, que se reflete, além dos comportamentos, nas motivações mais profundas do/a religioso/a consagrado/a ou do presbítero. Já nos anos de 1960, Crumbaugh se referia à chamada "neurose noogênica" como um mal-estar não identificável, como um determinado distúrbio psicofísico (Crumbaugh; Maholick, 1964). Nos últimos anos, os estudos empíricos da Logoterapia, por exemplo, indicam que a falta de sentido na vida tem algo em comum com muitas das psicopatologias clássicas que, por si mesmas, não são identificáveis com uma específica categoria diagnóstica, mas se referem aos aspectos motivacionais problemáticos (Sanagiotto, 2021).

Na vida dos/as religiosos/as consagrados/as e dos presbíteros, tal problemática é constantemente referida como a incapacidade de reconhecer as motivações de base que sustentam o chamado de Deus a uma vocação específica. São motivações que dizem respeito à experiência de fé, ao empenho carismático, ao trabalho pastoral, enfim, aos aspectos que envolvem a pessoa em um projeto vocacional. Sem essa perspectiva motivacional, os/as religiosos/as consagrados/as e os presbíteros correm o risco de perder o significado que unifica a escolha vocacional, que é confirmada a cada dia.

De fato, para quem não consegue redescobrir o significado transcendente das experiências que vive, a perda de sentido adquire um contorno especial, justamente porque se torna perda de sentido vocacional, sobretudo quando não se consegue mais integrar os eventos da vida com uma visão de projeto totalizante da própria existência.

Religiosidade e sentido da vida em um grupo de religiosos consagrados

A religiosidade, como busca de sentido, envolve toda a vida do/a religioso/a consagrado/a ou do presbítero. A motivação de base da escolha vocacional tem uma profunda conexão com a busca de sentido. Se a pergunta por sentido não colhe os fatos da vida ou é rigidamente ligada a aspectos idealizados da fé, o/a religioso/a consagrado/a ou o presbítero arrisca-se a utilizar a experiência religiosa como satisfação das próprias necessidades individualistas, talvez para justificar as problemáticas presentes na estrutura de sua personalidade. O confronto entre as *motivações da fé* e o *sentido na vida* é um bom indicador de como os/as religiosos/as consagrados/as e os presbíteros vivem a sua resposta vocacional. Nesse sentido, os aspectos existenciais podem muito bem integrar a gama de fatores que compõem o psicodiagnóstico na perspectiva vocacional, principalmente considerando os aspectos que motivam a vida e a vocação.

No percurso formativo, é importante monitorar a vivência do estilo de religiosidade, por meio da observação dos comportamentos relacionados à vivência da fé. Isso permite verificar se se trata de uma fé equilibrada nas suas dimensões, que ajuda o indivíduo a crescer e amadurecer nos aspectos vocacionais e humanos, ou, ao contrário, se é uma fé que aumenta a frustração e a insatisfação interior, sobretudo quando vivida de modo aparente e ilusório. Para verificar o conteúdo que estamos expondo, foi feita uma pesquisa com 155 presbíteros e religiosos consagrados de diversas congregações religiosas para identificar se o estilo motivacional (entendido como orientação religiosa) é associado ao bem-estar existencial (em termos de sentido na vida)[14].

A nossa hipótese de pesquisa era: aqueles que estão envolvidos em uma escolha vocacional para toda a vida, tais quais os/as religiosos/as consagrados/as e os presbíteros, tendem a uma orientação religiosa intrínseca – isto é, uma religiosidade convicta e pessoal –, correlacionado a um alto nível de sentido na vida. A nossa hipótese se justifica porque a vida religiosa consagrada e presbiteral é

---

14. Para explorar a orientação religiosa, foi usado o *New Indices of Religious Orientation* (NIRO). Esse instrumento serve para destacar a orientação religiosa: a religiosidade extrínseca, entendida como religiosidade externa e funcional; a religiosidade intrínseca, entendida como a religião como um valor em si mesma; e a religiosidade como busca existencial e transcendente da vida. O outro instrumento usado é o *Purpose in Life* (PIL), que mede a sensação do vazio existencial ou, ao contrário, a consciência de que a vida tenha sentido para ser vivida.

composta por homens e mulheres que colocaram no centro de suas vidas um credo religioso interiorizado e estável. Provavelmente não consentem com uma fé instável ou insegura, centralizada sobre a dúvida e sobre os interrogativos que Deus coloca na existência.

O resultado da pesquisa nos indicou uma correlação significativa entre a idade e religiosidade intrínseca, sugerindo que, entre os/as religiosos/as consagrados/as e os presbíteros que responderam à pesquisa, a religiosidade intrínseca pode se desenvolver com o passar dos anos, à medida que aumenta a idade, ou seja, quanto mais velho, maior a convicção religiosa. Isso nos indica que a vivência da fé se dá dentro de uma dinâmica em constante evolução. No fundo, trata-se de consagrados que buscam uma fé "segura", que não toleram incertezas, sobretudo se oriundas dos interrogativos da vida, das situações que devem ser enfrentadas.

Em síntese, parece que os religiosos consagrados e os presbíteros que responderam à nossa pesquisa, à medida que envelhecem, se tornam mais convictos, mas também menos flexíveis no modo de viver a fé. Se, por um lado, isso pode ser bom enquanto demonstram segurança e determinação; por outro pode se tornar um risco, principalmente quando devem responder às incertezas provindas do futuro, que, em grande parte, são necessárias para enfrentar os desafios e dúvidas da vida. Em situações símiles, os religiosos consagrados e os presbíteros poderiam refugiar-se em uma fé destacada da realidade. Talvez pudessem reforçar problemáticas psicológicas mais profundas, sobretudo aqueles que buscam segurança naquilo que a religião ou a instituição pode oferecer, garantindo certa defesa das próprias inseguranças afetivas.

Experiência religiosa e a rigidez psíquica

Os religiosos consagrados analisados na nossa pesquisa pertenciam somente a algumas congregações religiosas; portanto, os resultados devem ser interpretados com muita cautela, evitando generalizar as conclusões alcançadas. Porém, elencamos alguns pontos que podem ser úteis para um processo de formação, enfatizando a importância do psicodiagnóstico na perspectiva vocacional. Além disso, a fé e a religiosidade têm um valor educativo na história vocacional dos/as religiosos/as consagrados/as e dos presbíteros, podendo fazer parte do crescimento pessoal, mesmo quando surgem eventos frustrantes na vida.

No que diz respeito ao resultado da nossa pesquisa, podemos indicar alguns pontos fortes e outros pontos de risco. De maneira geral, poderíamos dizer que os religiosos consagrados e os presbíteros analisados tendem a ser intrinsecamente motivados na sua fé: isso permite que eles se sintam adequados no âmbito institucional, envolvendo-se ativamente como vocacionados/as, sobretudo quando se encontram vivendo em um contexto que requer uma fé radicada em convicções de tipo dogmática e institucional.

Do mesmo modo, não é sempre que essa orientação intrínseca ajuda a superar as provas da vida e a enfrentar os desafios do contexto em que se está inserido. Ao contrário, quando aparecem eventos que colocam em dúvida determinadas certezas, parece que são os religiosos consagrados e os presbíteros mais convictos que correm o risco de absolutizar o próprio mundo interior, enrijecendo-se em uma religiosidade feita muito mais de rotinas do que de oportunidades.

De fato, aqueles que são mais seguros dos próprios princípios religiosos nem sempre conseguem aceitar os fatores questionadores que a vida apresenta. Quando isso acontece, a fé desses religiosos consagrados e presbíteros é abalada pelas situações que geram incertezas interiores. Esses poderiam sentir-se desorientados e perder o sentido vocacional da escolha de vida.

As correlações emersas no nosso estudo nos levariam a pensar que os religiosos consagrados, analisados na nossa pesquisa, nem sempre estão abertos a aceitar as dúvidas de fé, uma dimensão que requer não somente sólidas convicções religiosas, mas também certa disponibilidade interior de ir ao encontro da incerteza da presença de Deus. Por isso, diante dos eventos da vida que colocam em discussão as seguranças da fé (por exemplo, uma doença, uma mudança repentina, conflitos comunitários, crises...), esses poderiam fechar-se nos aspectos dogmáticos das crenças religiosas, em vez de confiar no mistério transcendente.

Se, por um lado, tais atitudes dão crédito à solidez da formação espiritual que os religiosos consagrados e os presbíteros acumularam ao longo dos anos, por outro lado, poderiam se tornar um fator de risco, porque uma religiosidade rígida não basta para garantir a capacidade de adaptação evolutiva, sobretudo, quando se confrontam condições de crises que desestabilizam as "crenças". Isso pode levar à impressão de um vazio interior e à perda de sentido que corrói, não somente a estrutura psíquica, mas também os aspectos motivacionais (e, com isso, a fé) presentes em cada vocação.

Tais resultados ajudam a refletir sobre a urgência de uma formação religiosa aberta, não somente aos aspectos do conteúdo, mas também às incertezas da fé: se as dúvidas e as crises são percebidas como um perigo, o/a religioso/a consagrado/a ou o presbítero tenderá a fechar-se em si mesmo, em vez de ver tais crises como uma ocasião para crescimento. Essas circunstâncias poderiam ser uma ocasião para dar uma resposta coerente com a vocação escolhida, mesmo quando se vive momentos difíceis.

Por isso é importante que, em cada programa de formação, se tenha uma clara proposta educativa que ajude a consolidar as certezas dogmáticas e racionais da fé, mas que também reconheça a "juventude do espírito que permanece independentemente do tempo" (João Paulo II, 1996), mesmo nas situações frustrantes da vida. Em muitos contextos eclesiais, a formação inicial se concentra somente nos aspectos do conteúdo da fé e da espiritualidade, que geralmente não se integram à realidade que os formandos vivem, por exemplo, no convívio com os outros membros de uma comunidade eclesial em que deva administrar o complexo mundo emotivo das relações interpessoais.

De fato, não basta acreditar a ponto de ter uma fé "sólida" para aprender a crescer, a responder ao sentido e às perguntas que a vida propõe. Nem mesmo basta uma formação inicial baseada nos conteúdos estáveis ou no entusiasmo tranquilizante, se, depois de tudo isso, a fé não se traduz em testemunho concreto nas diversas situações propostas pela vida. Quando a religiosidade, mesmo motivada por uma fé profundamente fundamentada, se cansa de abrir-se às realidades que trazem "incerteza e insegurança", o/a religioso/a consagrado/a ou o presbítero pode sentir-se privado da experiência de fé que alimentou a sua escolha vocacional no passado.

A vida apresenta situações em que se faz necessário renovar o desejo de viver uma religiosidade coerentemente com o sentido vocacional da existência, convidando o/a religioso/a consagrado/a ou o presbítero a abrir-se às transformações, que vão além daquilo que tranquiliza. São essas as situações em que não são dadas como certas algumas experiências religiosas, entendidas como a busca de sentido, sobretudo, se essas últimas não oferecem as mesmas garantias tranquilizadoras das convicções religiosas.

De fato, as motivações de fé, mesmo quando centradas em convicções interiores e dogmaticamente fundamentadas, nem sempre sustentam os religiosos consagrados e os presbíteros diante das provas evolutivas da vida, especialmente se essas razões enraízam a fé em uma visão de religiosidade autorreferencial. Uma religiosidade como essa, segura e impecável, poderia vacilar diante de situações em que o que está em jogo são os aspectos mais profundos da existência, quando se deve enfrentar a precariedade e as incertezas da vida.

Às vezes, as consequências são dramáticas do ponto de vista psicológico, porque incidem sobre o sentido da identidade do consagrado, como a perda da autoestima, um sentido geral de desilusão e falimento na vida, o sentir-se impotente diante das dificuldades, a perda de significado na existência em seu sentido mais amplo.

A contradição que o indivíduo percebe dentro de si mesmo — entre as necessidades de uma fé que dê certezas, o sofrimento psíquico de sentir-se desorientado e a incapacidade de reencontrar o suporte da existência — é altamente disfuncional e pode incrementar a fuga à introversão e criar barreiras psicológicas. Isso pode acontecer, sobretudo, para quem vive uma experiência de fé distorcida, coercitiva e fortemente estereotipada.

Síntese conclusiva

Neste capítulo, dedicamos toda uma parte para sistematizar alguns pressupostos teóricos que nos permitissem compreender a *experiência religiosa problemática* no contexto clínico, especificamente, no diagnóstico diferencial em um percurso psicodiagnóstico. Do ponto de vista histórico, é possível identificar algumas tendências entre os psicólogos e os psiquiatras quando o argumento é a relação entre a religião e/ou espiritualidade e saúde mental e/ou psicopatologia.

A religião e/ou a espiritualidade não eram, necessariamente, essenciais à psicoterapia. Tal prática era considerada uma manifestação importante no âmbito da vida privada, porém não estava relacionada a questões psiquiátricas. Os profissionais da saúde mental, de certo modo, não tinham uma formação específica para lidar com as questões religiosas no contexto do psicodiagnóstico; em certos casos específicos, eram feitas algumas perguntas relacionadas ao assunto com o objetivo de identificar uma provável psicopatologia. Em se tratando da sistematização teórica, não se encontrava um significado preciso e, até certo ponto, era bom evitá-los nas pesquisas e na prática clínica.

O fato de prestar mais atenção às condições culturais do diagnóstico clínico, a alta frequência de experiências religiosas e espirituais na população em geral e um maior conhecimento empírico sobre a complexidade do impacto da religião/espiritualidade na saúde mental indicam que: (a) a religiosidade/espiritualidade pode fazer parte da solução de problemas psicológicos; (b) a religiosidade/espiritualidade, inclusive, pode ser uma fonte de problemas psicológicos; (c) as pessoas, especialmente aquelas que têm alguma prática religiosa, esperam ser ajudadas de uma maneira que leve em consideração sua fé ou espiritualidade; (d) a não consideração da experiência religiosa ou da espiritualidade no psicodiagnóstico pode levar a certa "deficiência" na eficácia de um tratamento.

Em se tratando do contexto eclesial, entre as características específicas da vida religiosa consagrada e presbiteral, a experiência religiosa é fator fundante para a vivência vocacional. Incluir tal fator no psicodiagnóstico na perspectiva vocacional é fundamental para o crescimento humano e vocacional. Mas, como desenvolver um psicodiagnóstico na perspectiva vocacional? É possível falar em um perfil psicodiagnóstico no contexto formativo à vida religiosa consagrada e presbiteral? Sobre essas temáticas, dedicaremo-nos no próximo capítulo.

IV
O PSICODIAGNÓSTICO NA PERSPECTIVA DO DESENVOLVIMENTO EXISTENCIAL

Resumo do capítulo: são tantas as vezes em que, nos contextos formativos, nos deparamos com perguntas tais quais: temos um problema específico na nossa diocese ou congregação religiosa, como posso desenvolver uma intervenção que ajude no crescimento humano e vocacional dos nossos presbíteros, religiosos/as consagrados/as? Percebo que estou caindo sempre no mesmo problema, o que posso fazer para mudar? São dúvidas que frequentemente demonstram a dificuldade de integrar os diversos recursos formativos. Neste capítulo, desenvolvemos a ideia de que é possível proceder a um psicodiagnóstico que vá além da descrição dos problemas psicológicos. Partimos do pressuposto de que, a partir do psicodiagnóstico, é possível ativar os recursos de desenvolvimento presentes em cada vocacionado/a, religioso/a consagrado/a ou presbítero. De fato, entre tantas funções do psicodiagnóstico, encontramos aquela de indicar como alguém se tornou aquilo que é. Na base de tal afirmação, é possível ler dois aspectos importantes: o primeiro diz respeito às características individuais; o segundo diz respeito ao contexto, realidade em que cada um cresce e se desenvolve.

Palavras-chave: psicodiagnóstico, desenvolvimento existencial, percurso formativo, indivíduo, contexto.

A psicologia e a psiquiatria têm desenvolvido, ao longo dos últimos anos, novos padrões de investigação científica. A abertura a novas formas de conhecimento se dá, por um lado, no contexto em que os manuais de classificação psicopatológicos estão explorando novas fronteiras, como abordamos no capítulo III; por outro lado, torna-se cada vez mais necessário aderir às novas evidências empíricas, que enfatizam o cuidado preventivo com a saúde mental, principalmente no que diz respeito ao desenvolvimento de processos formativos e psicoeducacionais.

Faz parte do processo psicodiagnóstico o uso de instrumentos psicológicos (testes), amplamente estudados e reconhecidos como eficazes pela comunidade científica, sendo, por causa disso, preliminarmente à sua comercialização, analisados e regulamentados pelos órgãos responsáveis (CFP, 2018a). Tais instrumentos psicológicos têm como função trazer à luz dados que, estatisticamente elaborados, nos permitem partir da realidade vivencial do indivíduo para questões mais complexas relacionadas ao psiquismo. Em determinadas situações, o psicodiagnóstico é intermediado pelo papel das instituições (seleção vocacional, orientação escolar, situações de crise individual ou relacional). Trata-se do psicodiagnóstico feito com o objetivo de encontrar estratégias adequadas para intervir nos contextos organizacionais, específicos nas diversas áreas de convivência (família, escola, comunidades religiosas etc.).

Como indicamos nos capítulos anteriores, em se tratando dos contextos formativos à vida religiosa consagrada e presbiteral, pouco se têm divulgado ou até mesmo elaborado psicodiagnósticos que permitam planejar o percurso formativo a longo prazo, conectado com a história evolutiva do sujeito, sintonizado com a sua escolha vocacional. O planejamento formativo – algumas vezes conhecido como projeto de vida – não deveria focalizar somente os momentos das esporádicas urgências psicológicas ou os episódios críticos em que se torna urgente a intervenção de um "especialista" que possa descrever um determinado "problema".

Referimo-nos ao psicodiagnóstico que ative um programa de intervenção psicoterapêutica ou formativa, cuja evidência seja o papel transformador presente em cada indivíduo ou instituição. Nesse sentido, o desenvolvimento do ciclo vital é integrado tanto numa função preventiva – no que diz respeito às dificuldades específicas – como num caráter transformador e, por conseguinte, formativo, que diz respeito ao processo de crescimento do indivíduo. Com isso, queremos dizer que os eventos críticos (idade, crises de identidade, conflitos psicológicos, doenças físicas etc.), que requerem a intervenção das ciências humanas, não são desvinculados de um processo de desenvolvimento humano. O psicodiagnóstico deverá ser útil para uma mudança real, sintonizada com as características do indivíduo.

Essa abordagem nos convida ao desenvolvimento de um psicodiagnóstico planejador, inserido na processualidade da vida, capaz de apreender os diversos aspectos do indivíduo, com um método que terá de assumir e expressar as características da totalidade. Além disso, o crescimento humano e vocacional não acontece de maneira aleatória, mas requer um planejamento que possa ser acompanhado no percurso da vida e da vocação, com critérios formativos que deixem amplo espaço para a prevenção. Em se tratando da intervenção formativa, faz-se necessário considerar os aspectos motivacionais de cada indivíduo, que incluem a consciência de suas características pessoais e de suas problemáticas psicológicas.

Com a abordagem que estamos considerando nas páginas deste capítulo, o processo do psicodiagnóstico e a devolução dos resultados obtidos devem ser integrados em um projeto em que os resultados façam parte do desenvolvimento e da adaptação proativa, ajudando a discernir tanto os pontos fortes quanto os pontos críticos que merecem atenção imediata. A devolução dos resultados do psicodiagnóstico deve fornecer ao vocacionado/a, ao religioso/a consagrado/a ou ao presbítero, uma chave de leitura e de compressão da própria história, como também a variabilidade relacional ou terapêutica (Albornoz, 2016). Significa, em outras palavras, desenvolver um planejamento que, a partir do resultado diagnóstico emerso dos instrumentos psicológicos, leve em consideração a perspectiva evolutiva em que o indivíduo está inserido, para regular comportamentos, afetos, cognições, na busca do bem-estar humano e vocacional, objetivo para o qual o ser humano se orienta.

Janela interativa 8
Devolução das informações do psicodiagnóstico[15]

O momento da devolução das informações é fundamental para o processo do psicodiagnóstico, pois deve englobar, de forma sintetizada, todos os momentos vivenciados durante as etapas anteriores e, além disso, deve produzir a integração desses momentos, conduzir a um fechamento e abrir portas para novos direcionamentos. A devolução das informações encerra um mini processo bastante complexo, responsável por ratificar a importância da realização do psicodiagnóstico e por produzir efeitos nos sujeitos que o vivenciaram. É o ápice de todo o investimento realizado, para todas as partes interessadas, e deve apontar caminhos que levem a alterações na vida dos envolvidos.

Na nova concepção de psicodiagnóstico, o momento da devolução das informações tem um papel essencial: *propiciar um espaço para a construção conjunta* – entre o profissional, o paciente e os outros envolvidos – *de uma rede de significados que dão sentido à existência do avaliando, tomando, para isso, todas as informações referentes aos contextos intrapsíquico e psicodinâmico, relacional e social, por ele vivenciados.*

Atualmente, o psicodiagnóstico tem influência de um modelo compreensivo que, em vez de buscar sintomas para enquadrar o avaliando em uma síndrome, busca a compreensão e a descrição dinâmica da personalidade, considerando a sua etiologia. Nesse modelo, os indicadores patológicos identificados não são supervalorizados, tampouco servem para enquadrar e rotular o indivíduo. Esses indicadores servem de guia, tornando mais sensível a escuta do profissional para toda uma rede de experiências e conhecimentos, conduzindo-o muito além da nosografia.

O momento da devolução das informações será o palco de novos esclarecimentos, tendo um papel fundamental no pro-

---

15. Esta *janela interativa* é uma síntese do capítulo escrito por Ana Celina Garcia Albornoz (2016). Para mais informações, consultá-lo.

cesso psicodiagnóstico no sentido de *descobrir, organizar* e *esclarecer* a complexidade do que veio à tona a partir do pedido de ajuda inicial. Nesse momento, o profissional deverá integrar os dados captados por meio das observações das manifestações verbais e não verbais, dos silêncios, das omissões, das ausências, das vivências, das transferências, das contratransferências e dos instrumentos utilizados, atribuindo um sentido mais amplo ao pedido manifesto, somando-o ao latente, ao agora descoberto.

Na devolução das informações do psicodiagnóstico, é necessário que o profissional possa nomear e esclarecer ao avaliando o sentido dos sintomas, localizando-os dentro do contexto apreendido, bem como sua importância e utilidade. Recomenda-se que, nesse momento, seja realizada uma retomada do percurso da avaliação, relembrando passagens anteriores, como a entrevista inicial, o pedido de ajuda, a produção de material e as comunicações, para, enfim, conduzir ao fechamento do processo.

O profissional psicólogo deve devolver ao avaliando aquilo que é dele e que, de algum modo, ele explicitou no contexto do psicodiagnóstico, de forma decodificada e processada, ou seja, com a devida compreensão do complexo psicológico que o envolve. Dessa forma, é possível que o avaliando [no caso da vida religiosa consagrada e presbiteral, o contexto formativo] se aproprie daquilo que lhe diz respeito. Assim, o profissional e o avaliando não se sentirão esvaziados, e o psicodiagnóstico poderá ter um efeito para além da catarse. Reunir informações, organizá-las, apresentá-las e discuti-las, fazer pensar – esse é o importante papel da devolução das informações no psicodiagnóstico.

No momento da devolução das informações do psicodiagnóstico, o profissional convidará o avaliando [no caso da vida religiosa consagrada e presbiteral, o contexto formativo] a percorrer com ele uma trajetória repleta de pontos a serem apreciados. Por fim, juntos, chegarão a conclusões sobre o impacto dessas vivências na atualidade do avaliando e de seu

Janela interativa

contexto. Esse momento apontará também os caminhos a serem trilhados na busca pelo bem-viver, que não se encerrarão com o fim do psicodiagnóstico, mas deverão ter continuidade de várias formas por novos percursos.

Enfim, a compreensão atual do psicodiagnóstico passou a englobar, além do diagnóstico descritivo e de nível de funcionamento, o diagnóstico psicodinâmico e das relações familiares e sociais, para, a partir das informações obtidas, apreender o que dá sentido ao sujeito em questão. Aponta, para além da patologia, aspectos livres de conflito e que podem reforçar e favorecer alternativas de superação de dificuldades. Dessa forma, as indicações terapêuticas propostas devem prever, quando necessário, alterações em todos os contextos da vida do avaliando e, no caso da vida religiosa consagrada e presbiteral, o contexto formativo, dentro das suas possibilidades. Todos esses aspectos devem ser bem explorados no momento da devolução das informações do psicodiagnóstico, pois as abordagens terapêuticas de seguimento que estiverem apoiadas em expectativas e em entendimentos equivocados correm o risco de fracassar.

Janela interativa

Os pressupostos formativos de um psicodiagnóstico

Há muitos anos os estudiosos pesquisam sobre o sistema diagnóstico assim como este é apresentado pelos manuais de classificação psicopatológica. No centro do debate, busca-se entender se as categorias psicológicas capturam a "verdadeira natureza" das psicopatologias. Apesar de décadas de pesquisa, ainda não há um consenso sobre o assunto. O fato é que as pesquisas, principalmente as empíricas, têm trazido resultados significativos no que diz respeito aos critérios diagnósticos.

Em se tratando do psicodiagnóstico na perspectiva que procuramos indicar nas páginas deste livro, entre as funções que o caracterizam, enfatizamos a busca por ativar o processo de autoconhecimento da pessoa. Tal abordagem pressupõe que o psicodiagnóstico não pode ser reduzido à identificação das categorias com as quais enquadrar as peculiaridades da personalidade ou a história pregressa do/a religioso/a consagrado/a, do presbítero ou do/a vocacionado/a. Nem muito menos, em sentido contextual, o psicodiagnóstico poderá se limitar somente às prerrogativas que respondem às atuais necessidades sociológicas, em constante transformação.

Considerando uma abordagem psicológica que esteja atenta aos aspectos proativos dos sujeitos, o psicodiagnóstico enfatizará, entre as suas funções, os processos que despertam um caminho de autoconhecimento. Isso não exclui a identificação das categorias psicodiagnósticas ou dos transtornos psíquicos; ao contrário, quando inseridos no desenvolvimento humano, contextualizam tais pressupostos psicológicos. Com tal compreensão, o diagnóstico deve ser integrado no percurso psicoeducativo (formativo) daquele que busca pelo psicodiagnóstico. As categorias "normais" ou "patológicas" precisam ser inseridas na dinâmica processual da busca pelo crescimento e pelo desejo de melhoria (Trull; Durrett, 2005).

O psicodiagnóstico, colocado ao serviço da pessoa, deve permitir vislumbrar o desenvolvimento evolutivo do indivíduo. Na base encontramos os elementos *idiográficos*[16], em que o passado é lido sob a ótica das condições atuais em que a pessoa vive, e o presente torna-se uma premissa indispensável que orienta para o futuro. O significado da informação idiográfica, quando recolhida no contexto do psicodiagnóstico, diz respeito à performance do indivíduo em momentos diferentes ou em situações semelhantes. O confronto dos dados, quando necessário, é feito na perspectiva entre indivíduos.

Ao mesmo tempo, não poderíamos deixar de considerar a generalização e a replicabilidade dos dados disponíveis. Referimo-nos à visão *nomotética*[17] daquilo que é detectado pelo processo diagnóstico. O confronto é feito, nesse caso, com um grupo que contém características símiles, com as quais é possível comparar os aspectos psicológicos detectados no contexto universalmente válido (Tavares, 2003). Essa perspectiva nos permite confrontar as características de um indivíduo no interior de um grupo de pertencimento.

O psicodiagnóstico e o processo de autoconhecimento

O psicodiagnóstico como processo de autoconhecimento não pode ser improvisado, nem muito menos ser a prerrogativa para, somente, classificar o sujeito segundo parâmetros psicopatológicos. Mas deve ser entendido como um processo contínuo, feito entre os aspectos generalizáveis e as características individuais. Com isso, propõe-se um método que entenda o comportamento inserido no amplo ciclo de desenvolvimento, sem excluir as características que distinguem cada indivíduo em sua singularidade. Desse modo, torna-se possível descobrir os recursos e as aspirações existenciais que ajudam cada indivíduo, progressivamente, a descobrir o seu projeto de crescimento.

O psicodiagnóstico, quando ativa o processo de autoconhecimento, facilita a capacidade do indivíduo de tomar decisões com o

---

16. *Idio* significa relativo ao próprio indivíduo.

17. *Nomos*, em grego, refere-se a leis gerais ou universais e, portanto, opõe-se ao que é específico ou particular. O sufixo *-tético* refere-se ao que "é próprio de" ou o que "cria". Portanto, *nomotético* significa, pela etimologia do termo, aquilo que cria ou que é próprio das leis universais.

objetivo de melhorar a própria vida, repercutindo na ação cotidiana: é aqui que o ser humano redescobre o potencial transformador presente na sua forma de se relacionar com a realidade externa. Suponhamos que um/a vocacionado/a à vida religiosa consagrada ou presbiteral narre fatos sobre si mesmo e sobre as situações cotidianas de sua vida, especificando emoções, pensamentos e comportamentos. É evidente que isso diz respeito aos aspectos subjetivos presentes em uma história narrada, sempre mutável e parcial (Atkinson, 2012). Porém tal narração vai além dos detalhes específicos em si mesmos, pois trata de aspectos relativos ao patrimônio psicológico, biológico e social do indivíduo. Em outras palavras, o que pertence ao indivíduo também pode ser encontrado no bem comum do qual procede todo ser vivo, poderíamos dizer, a toda humanidade.

Reavaliar o trabalho do psicodiagnóstico, numa perspectiva integradora entre a generalização dos dados e a especificidade do indivíduo, não é apenas uma questão de "filtrar" os resultados obtidos para identificar os/as vocacionados/as que estão aptos para seguir em frente no percurso formativo à vida religiosa consagrada ou presbiteral, por exemplo. Mas é uma questão de método formativo, porque, se por um lado, o psicodiagnóstico serve para identificar as características constitutivas da estrutura de personalidade, por outro lado, serve para identificar os aspectos transformadores e evolutivos do processo de crescimento humano e vocacional. É para isso que serve o trabalho do psicodiagnóstico, sempre que sintonizado com a complexidade da história do indivíduo e do contexto em que está inserido (Specht, 2017).

Se quisermos traduzir tais conceitos em termos psicométricos, diríamos que a validade, a confiabilidade e a sensibilidade dos testes psicológicos em detectar as características psicológicas dos indivíduos precisam ser mais do que uma técnica aplicada com maestria pelo profissional psicólogo. Na base do psicodiagnóstico, precisa haver uma preocupação psicoeducativa (formativa), principalmente da parte de quem faz uso dos instrumentos psicológicos (Sartori; Elisa, 2006).

Redescobrir a alma educativa (formativa) do psicodiagnóstico significa resolver a tensão entre a necessidade de conhecer as semelhanças entre o indivíduo em relação ao seu contexto (*perspectiva nomotética*) e a de reconhecer a sua singularidade, ou seja, aquelas características que diferenciam de todas as outras pessoas (*perspectiva idiográfica*). Em resumo, todo psicólogo precisa, necessariamente, lidar com um paradoxo implícito no processo diagnóstico, a saber, que ele é tanto *nomotético*, isto é, guiado por construtos teóricos generalizáveis, quanto *idiográfico*, isto é, guiado pela atenção aos detalhes da vida individual (Dazzi; Lingiardi; Gazzillo, 2009).

A proposta do psicodiagnóstico que ative a capacidade psicoeducativa do indivíduo, feito na relação com o seu contexto, aumenta a capacidade cognoscitiva do processo formativo, facilitando não somente a avaliação categórica, mas, sobretudo, a relação transformadora. Tal proposta é importante porque, se por um lado, a classificação dos traços característicos de personalidade permite o conhecimento dos atributos mensuráveis, vindos do uso das ferramentas psicológicas, por outro lado, se consideram as características evolutivas do processo formativo presente em cada estrutura de personalidade. Enfatiza-se, desse modo, que é na história de vida de cada um que encontramos a forma como as decisões são tomadas, a intencionalidade prospetiva das escolhas de vida, assim como o caminho de crescimento que caracteriza toda a existência.

O indivíduo e seu contexto: as duas faces do planejamento psicodiagnóstico

Fazer um psicodiagnóstico numa perspectiva formativa e de planejamento vocacional não exime o psicólogo de se referir à pessoa em sua complexidade, principalmente ao contexto em que ela aprendeu a ser quem ela é. Se o psicodiagnóstico é inserido no processo de desenvolvimento humano e vocacional, a identificação dos pontos que estão fora do projeto existencial requer que o profissional considere a identidade do indivíduo e a sua adaptação ao contexto psicossocial no qual está inserido. Os aspectos individuais e os aspectos contextuais são, portanto, as duas faces que promovem horizontes de crescimento. Do ponto de vista existencial, o/a religioso/a consagrado/a ou o presbítero não se desvincula da vida e dos acontecimentos que o desafiam a responder, de forma construtiva, ao seu processo de crescimento humano e vocacional, mesmo no caso em que se tem um diagnóstico psicopatológico.

Em uma perspectiva histórica, conhecer a personalidade de alguém foi interpretado, majoritariamente, por duas correntes teórico-práticas: a psicométrica e a psicoterapêutica. Na abordagem psicométrica, a tendência é generalizar conceitos estatisticamente elaborados. Na abordagem clínica, destaca-se o aspecto interpretativo, negligenciando, de certo modo, a posição psicométrica (Del Corno; Lang, 2002). Mesmo que partindo de pressupostos teóricos diferenciados, tais abordagens colocam no centro do debate a identificação de sintomas e o tratamento clínico do sujeito. Enfatizamos a necessidade de uma "terceira via", que considere ambos os aspectos. A literatura psicológica nos coloca no caminho do psicodiagnóstico. A principal vantagem é que, quando bem elaborado, facilita a transformação do sujeito. O psicodiagnóstico, entendido em sua relação de convergência, une os dois pontos específicos do ser humano, ou seja, o seu aspecto individual e as características que o identificam a um grupo de pertencimento. Referimo-nos ao psicodiagnóstico que se "movimente" entre as estruturas mentais "adquiridas" e os potenciais do sujeito (Poláček, 2008).

Se tal pressuposto teórico é estendido às diferentes dimensões evolutivas do ser humano (Sugarman, 2003), o psicodiagnóstico não pode mais ser considerado uma simples justaposição de diferentes categorias explicativas de comportamento, com base em critérios definidos prioritariamente, baseados na validade e na replicabilidade dos fenômenos observados. Um trabalho de psicodiagnóstico, verdadeiramente integrado em um projeto existencial, considera ulteriores possibilidades que possam surgir da forma como os dados diagnósticos são utilizados, que traduzem a "representatividade" global do sujeito em termos mais realistas e, portanto, menos "intuitivos" e menos "probabilísticos" (Kahneman; Tversky, 1972).

Uma terceira via, ou seja, o psicodiagnóstico que unifica polaridades (entre os dados e a interpretação clínica) interliga todo o processo de desenvolvimento humano e vocacional, percurso esse de aprendizagem que dura por toda a vida (Crea; Sanagiotto, 2022). Esse desenvolvimento não é casual, mas, sim, de uma decisão, pois envolve não só a funcionalidade do sujeito, mas direciona o indivíduo para um todo unitário, na qual se encontram as características mais significativas (as áreas de interesse ou as prioridades), como também as questões dissonantes.

O resultado é uma totalidade que se refere à especificidade do indivíduo e à pluralidade do contexto em que se insere. Cada indivíduo tece uma história de crescimento construída fase a fase, por meio de uma paciente integração entre as muitas "semelhanças" partilhadas (semelhança de cultura, de socialização, idade etc.) e as muitas diferenças com as quais se deparou (de caráter, história familiar, emoções etc.). É no conjunto de fatores que se forma a história de vida em que cada indivíduo aprende a integrar as duas faces de um mesmo processo de crescimento: por um lado, a sua identidade delineada nas especificidades que caracterizam a sua individualidade; por outro lado, tudo o que o indivíduo tem em comum com o grupo e o contexto a que pertence. Todos nós podemos dizer que vivenciamos esse processo integrativo ao longo da vida, entre sentir-se unidos aos outros e, ao mesmo tempo, distintos em nossa própria singularidade.

Faz parte do processo do desenvolvimento do psicodiagnóstico estabelecer um diálogo construtivo com o sujeito. Poderíamos dizer que o psicodiagnóstico, na perspectiva do crescimento humano e vocacional, deve servir para promover uma vida cheia de sentido, facilitando formas de adaptação do indivíduo, que não sejam apenas para melhorar o que se considera problemático, mas também para indicar o que pode se tornar possibilidade de intervenção formativa qualificada. Proceder com o psicodiagnóstico significa não apenas indicar o que uma pessoa é e, mediada pela observação clínica, os aspectos psicopatológicos. Mas, indicar "o que ela pode se tornar", para emergir em um processo de crescimento que se concretiza na adaptabilidade, característico da espécie humana.

Essa perspectiva promove o justo equilíbrio entre a realidade específica do indivíduo e os seus recursos disponíveis, planejando intervenções formativas como "práticas transformadoras" que o ajudem a ser protagonista na resolução dos problemas que surgem no seu processo de crescimento. A proposta é que do psicodiagnóstico surja uma prática formativa, concebida como uma ação transformadora que evidencia os aspectos valorativos, voltados para a promoção do crescimento ao longo do desenvolvimento evolutivo da pessoa. Portanto, cada aspecto diagnosticado (seja um sintoma, seja um transtorno de personalidade, seja uma atitude ou interesse) não serve para rotular a pessoa ou limitar seu possível desenvolvimento, mas contém em si uma oportunidade de transformação e de mudança (Reker; Chamberlain, 2000).

Por isso, é necessário recorrer ao psicodiagnóstico como planejador que restabeleça o equilíbrio entre um "sentido de realidade" e um "sentido de possibilidade". No fundo, referimo-nos ao conhecimento da pessoa que esteja intimamente ligado à prática formativa que acompanha o crescimento e exige capacidade de decisão em vista dos objetivos de melhora.

O uso dos instrumentos da psicologia no sentido que estamos propondo pode facilitar o diálogo da "terceira via", ou seja, da realidade diagnosticada e daquilo que se pode esperar dela. Observamos as duas faces de uma mesma moeda que se encaminham para a convergência: por um lado, observa-se a identidade do sujeito por meio dos instrumentos psicológicos; por outro lado, insere-se a história de vida como fonte confiável para buscar as principais características que oferecem as oportunidades de cada ser humano em evoluir para um projeto existencial.

Identificar as diferenças individuais a partir do contexto

No capítulo II, enfatizamos que, nos contextos formativos à vida religiosa consagrada e presbiteral, torna-se difícil individuar um modelo de psicodiagnóstico amplamente replicado nos diversos contextos formativos, mesmo que as pesquisas indiquem os instrumentos psicológicos mais utilizados. Os diferentes modelos de psicodiagnóstico tendem a sublinhar diferentes formas de observar e avaliar a realidade psíquica da pessoa, como também os seus objetivos de melhora. De fato, na base do psicodiagnóstico encontramos sempre uma demanda, isto é, a justificativa para proceder com um percurso diagnóstico.

Em se tratando da pesquisa sobre as patologias da personalidade, assim como o diagnóstico dos transtornos de personalidade, encontramos, basicamente, três modelos pelos quais se orientam os instrumentos psicológicos que descrevem as características de personalidade: o diagnóstico *estrutural*, *categórico* e *dimensional* (Nunes; Zanon; Hutz, 2018). Conhecê-los nos ajuda a destacar a diferença entre os aspectos descritivos, dinâmicos e funcionais do trabalho diagnóstico. Definir qual dessas abordagens à personalidade é mais aconselhável não é uma tarefa fácil. Os manuais de classificação psicopatológicos, baseados em pesquisas com evidências empíricas, demonstram uma evolução progressiva, cada vez mais próxima de um modelo híbrido e culturalmente contextualizado.

No primeiro caso, o *diagnóstico estrutural* refere-se aos processos evolutivos, no qual se evidencia como as funções mentais se organizam de forma estável, por meio de um processo de diversificação e aumento da complexidade ao longo da vida. Do ponto de vista do *diagnóstico categórico*, busca-se identificar o conjunto de fenômenos psíquicos, geralmente com sinais objetivos e sintomas subjetivos, dotado de uma coerência interna e um limite preciso em relação a um conjunto de critérios, inclusive àqueles referentes à ausência de sintomas. Finalmente, o *diagnóstico dimensional* implica um processo de tensão contínua entre a saúde mental e os problemas de ordem psicológica (Maffei, 2008).

No caso de um diagnóstico exploratório, por exemplo, a aplicação de um teste psicológico (ou uma bateria de testes) é útil se for comparável com outros grupos de controle, para recolher dados normativos que permitam classificar os comportamentos detectados. Disso depende a validade da ferramenta, mas também a replicabilidade dos resultados obtidos em outras situações semelhantes. Isso significa que, se um teste de personalidade for aplicado a um sujeito que tem dificuldades em regular as suas próprias experiências emocionais (por exemplo, no caso da depressão), os resultados obtidos fazem sentido na medida em que são comparáveis com sujeitos "semelhantes", que possuem as mesmas características em como se manifesta o sofrimento psíquico. A comparação entre os resultados relativos ao indivíduo e ao grupo a que pertence dá consistência à especificidade do mal-estar diagnosticado.

De forma geral, poderíamos dizer que os diferentes modelos de diagnóstico destacam como as características distintivas do indivíduo – e sua configuração em uma personalidade –, tornam-se estáveis nas experiências vividas. Essas representam aqueles aspectos descritivos que nos permitem generalizar tais atributos a um grupo de pertencimento ou referimento, com o qual as características individuais são compartilhadas, no sentido de semelhança, mas também no sentido das reações, especificamente, às condições de ativação comportamental externa ou interna (Dazzi; Lingiardi; Gazzillo, 2009).

O conhecimento do indivíduo, portanto, é possível a partir da descrição abstrata e generalizável de sua personalidade, que permite delinear suas características conforme um conhecimento específico. Essas unidades descritivas representam o que constitui a personalidade, e são compartilhadas pelas peculiaridades do indivíduo. A possibilidade de generalizar esses aspectos permite descrever o indivíduo a partir do que ele tem em comum com os demais. Em termos psicométricos, é a teoria da "generalização" dos resultados que examina a possibilidade de que as propriedades de um determinado instrumento psicológico, e as suas interpretações, podem ser generalizadas a outros grupos de sujeitos, contextos e situações (Chiorri, 2011).

No entanto, não é suficiente comparar os escores observados com os escores de toda a amostra para a qual desejamos generalizar tais resultados. Também não é suficiente detectar os métodos usados pelas pessoas para relacionar-se com o seu contexto (percepção que a pessoa tem de si mesma, problemas relacionados à estrutura de personalidade, a eventuais soluções já experimentadas). As unidades descritivas relativas à estrutura da personalidade e ao seu funcionamento fazem parte de um "processo diagnóstico" mais amplo. O psicodiagnóstico, entendido como um percurso processual, deve dar ao paciente uma interpretação utilizável da sua própria história e da sua atual situação, adequada ao seu nível emocional e cognitivo (Balestri; Orefice; Pandolfi, 1996).

Recuperar o significado educativo (formativo) da intervenção psicodiagnóstica conduz a dar um sentido prospectivo aos resultados presentes em um relatório formativo, à psicoterapia e ao discernimento vocacional. Em cada contexto em que será usado o psicodiagnóstico, será necessário destacar os novos significados que podem emergir dos resultados encontrados nos testes. Porém, as forças que impulsionam a mudança estão presentes nas experiências cotidianas. Cada pessoa tem a capacidade de criar significados, de canalizar recursos para o desenvolvimento humano e vocacional (Scilligo, 2002).

No entanto, os significados que vinculam recursos e habilidades não estão destacados da realidade detectável por meio das diversas categorias diagnósticas. Pelo contrário, o que uma bateria de testes permite apreender é o código distintivo do indivíduo ou da sua categoria – essencial para o seu conhecimento –, mas também generalizar esses resultados a outros sujeitos por meio da comparação com a amostra normativa. Os dados obtidos permitem, assim, detectar os fenômenos explicativos de cada indivíduo, reais, ainda que temporários, identificados como classificações prototípicas da sua personalidade. Porém, com o passar do tempo, serão progressivamente enriquecidos pelos significados que lhe permitirão dar direção à sua história de vida. Isso tem a vantagem de facilitar o mapeamento de uma intervenção psicoterapêutica, bem como de permitir planejar ações que visem ativar os próprios recursos psíquicos (Trull; Durrett, 2005).

Dentro dessa abordagem, certamente mais complexa, porém aberta a novos horizontes de significado, condizente com o desenvolvimento humano, a verificação da tendência média dos escores obtidos por meio da análise diagnóstica permite potencializar as características individuais que diferenciam a pessoa. Por meio da generalização dos resultados, permite estimar a sua pertença a determinado grupo, evidenciando não só as propriedades individuais, mas também a possibilidade de as comparar com um contexto mais amplo.

Além disso, a diversidade individual complementa a análise da complexidade de determinado grupo, reforçando, porém, a especificidade de cada sujeito. Se fossem considerados os resultados de um teste em um comportamento específico, em termos psicométricos, poderíamos dizer que o desvio da média de um único sujeito permitiria não apenas comparar aquela característica específica com uma população mais ampla, mas facilitaria a identificação de uma especificidade que o caracteriza de uma forma única e totalmente pessoal. Portanto, incluir a experiência subjetiva no trabalho do psicodiagnóstico significa operacionalizar, replicar e quantificar os resultados obtidos nas diversas dimensões constitutivas da pessoa (Dazzi; Lingiardi; Gazzillo, 2009).

Janela interativa 9
Objetivos de uma avaliação psicológica clínica

Classificação simples	O exame compara a amostra do comportamento do examinando com os resultados de outros sujeitos da população geral ou de grupos específicos com condições demográficas equivalentes; esses resultados são fornecidos em dados quantitativos, classificados sumariamente, como em uma avaliação de nível intelectual.
Descrição	Ultrapassa a classificação simples, interpretando diferenças de escores, identificando forças e fraquezas e descrevendo o desempenho do paciente, como em uma avaliação de déficits neuropsicológicos.
Classificação nosológica	Hipóteses iniciais são testadas, tomando como referência critérios diagnósticos.
Diagnóstico diferencial	São investigadas irregularidades ou inconsistências do quadro sintomático, para diferenciar alternativas diagnósticas, níveis de funcionamento ou a natureza da patologia.
Avaliação compreensiva	É determinado o nível de funcionamento da personalidade, são examinadas as funções do ego, em especial a de *insight*, condições do sistema de defesas, para facilitar a indicação de recursos terapêuticos e prever a possível resposta a eles.
Entendimento dinâmico	Ultrapassa o objetivo anterior, por pressupor um nível mais elevado de inferência clínica, havendo uma integração de dados com base teórica. Permite chegar a explicações de aspectos comportamentais nem sempre acessíveis na entrevista, à antecipação de fontes de dificuldades na terapia e à definição de focos terapêuticos etc.
Prevenção	Procura identificar problemas precocemente, avaliar riscos, fazer uma estimativa de forças e fraquezas do ego, de sua capacidade para enfrentar situações novas, difíceis e estressantes.
Prognóstico	Determina o curso provável do caso.
Perícia forense	Fornece subsídios para questões relacionadas com "insanidade", competência para o exercício das funções de cidadão, avaliação de incapacidades ou patologias que podem se associar com infrações da lei etc.

Fonte: Cunha (2007, p. 26).

Um psicodiagnóstico que parte da vida e dá perspectiva à existência

Os aspectos generalizáveis do indivíduo são importantes para uma abordagem psicoeducativa (formativa) do psicodiagnóstico. Esses se apresentam como funcionais tanto para identificar os fatores constitutivos da personalidade quanto para atuar em uma perspectiva preventiva, principalmente quando são latentes alguns fatores de risco que podem se tornar psicopatologias. Combinar a quantificação e a replicabilidade dos resultados nos permite não apenas refinar ferramentas estatisticamente válidas, mas abrir a pressupostos educativos que possam ser utilizados no percurso formativo.

Em se tratando da vida religiosa consagrada e presbiteral, o diagnóstico que considere os aspectos existenciais é fundamental para garantir dois aspectos importantes para o crescimento humano e vocacional: (a) ser reconhecido como indivíduo que possibilita uma formação personalizada; (b) entender-se inserido em uma caminhada que é eclesial, em sentido mais amplo, mas também comunitária, em sentido mais específico. No contexto do psicodiagnóstico, esses representam duas perspectivas: a generalizável e a específica.

O diagnóstico na perspectiva generalizável

Partimos de um exemplo. Um religioso/a consagrado/a, ou um presbítero, busca ajuda psicoterapêutica motivado pela dificuldade de ter paciência com os leigos envolvidos com as pastorais. No percurso psicoterapêutico, relata que, nas reuniões para organização das pastorais, exige que as tarefas sejam executadas para ontem; que tem tomado decisões sem pensar nas consequências futuras; que as decisões são tomadas pelas emoções momentâneas; que ultimamente tem se envolvido com jogos de aposta online etc. Todos são sintomas que configuram a impulsividade. Enfim, o sintoma principal é descrito como: "ultimamente, nas relações pastorais, não consigo me dar bem com quase ninguém". Na avaliação psicológica, de fato, os dados indicaram que a escala da impulsividade apresentou escores elevados. De que adiantaria um psicodiagnóstico bem-estruturado, se não afetasse o processo evolutivo na forma como tal religioso/a consagrado/a ou presbítero experiencia os fatos cotidianos da vida?

Planificar a intervenção psicodiagnóstica na perspectiva do crescimento vocacional é ativar a capacidade do/a vocacionado/a, do/a religioso/a consagrado/a ou do presbítero, de ser autor do próprio destino (Scilligo, 2002). Tal pressuposto pode ser observado nos primeiros encontros com o profissional psicólogo, visto que se manifesta o desejo de trazer algo de novo, impulsionado para a mudança. Portanto, o diagnóstico que busca identificar o grau do comprometimento comportamental deve estar em sintonia com a dimensão intuitiva e transformadora, manifestada na história evolutiva de cada um. Tal pressuposto ajuda, principalmente, a orientar o "sistema" de adaptação à realidade e à mudança.

Em outras palavras, mesmo quando um diagnóstico destaque as categorias problemáticas que bloqueiam a "funcionalidade" da pessoa, há uma dimensão de planejamento que pode trazer de volta o impulso para a mudança. Possibilitar ao religioso/a consagrado/a ou ao presbítero, por exemplo, perceber tal potencialidade, permite reativar as memórias adaptativas utilizadas nos processos de mudança em situações anteriores. O psicodiagnóstico deve evidenciar, portanto, não somente a potencialização dos aspectos funcionais, mas a adaptação intencional, motivada por um modo de ser que aponta para o futuro, para o que pode tornar-se.

O resultado, quando se traduz em ações e escolhas, é vivenciado como continuidade narrativa e, portanto, como prática transformadora da história de vida. Uma narração que se insere na história de vida passada, que ressoa na subjetividade presente, projeta-se no futuro de maneira intencional, característica do processo de crescimento humano e vocacional (Bruner, 2004). Não somente isso, mas essa intencionalidade futura não é limitadora, e sim continuamente aberta ao domínio das possibilidades, traduzindo-se numa prática educativa dialógica, fundamentalmente orientada para a mudança, aberta à novidade, à pluralidade e à integração de caminhos alternativos de melhoria (Poggio, 2004).

Podemos dizer que o psicodiagnóstico, feito nessa perspectiva, vai além da problemática apresentada pelo paciente (no nosso caso, o/a vocacionado/a, o/a religioso/a consagrado/a ou presbítero) na esfera biológica ou psíquica. Conforme salienta Frankl:

> [...] a psicoterapia, orientada pelo espiritual e transformada em análise existencial só esgotará todas as possibilidades terapêuticas se conseguir ver, por detrás daquele que sofre psiquicamente, aquele que luta espiritualmente, como um ser, disposto em um mundo de necessidades e possibilidades, na tensão entre ser e dever; lembremo-nos das palavras de Goethe, que poderiam funcionar muito bem como o melhor lema pensável para o nosso trabalho: "se tomarmos os homens tal como eles são, então os tornaremos piores; mas, se os tomarmos como eles devem ser, então os transformaremos naquilo que eles podem ser" (2014, p. 31).

Assim, o psicodiagnóstico não se limitará a descrever e a identificar qualidades subjetivas que possam ser descritas como patológicas ou não. Nem muito menos a personalidade será considerada na sua totalidade somente a partir dos escores identificados nos testes psicológicos. Os distúrbios classificáveis como presentes ou ausentes recolocarão, em primeiro plano, os aspectos intencionais da personalidade, nos quais se aborda o indivíduo como um todo organizado, capaz de integrar os diferentes componentes de si mesmo, tendo em vista o proceder evolutivo e valorativo da existência.

A eficácia de um psicodiagnóstico, entre tantas conclusões possíveis, depende muito da capacidade do profissional de observar o que a pessoa "relata" sobre si e sobre seu comportamento, mas também a capacidade de observar os objetivos que se propõem. Capturar os fatos e ver para onde eles conduzem são dois aspectos essenciais que transformam o percurso formativo em ferramentas de prevenção, tantas vezes instrumento que ajuda a lidar melhor com erros que já foram cometidos, dos quais ficaram as consequências (Scilligo, 2002).

A perspectiva em que abordamos o psicodiagnóstico permite recuperar a capacidade do sujeito de ser protagonista ativo de seu próprio destino, identificando até onde as características estruturais podem levar, influenciando, construtivamente, um específico estilo de mudança. O psicodiagnóstico deve ajudar a identificar essa vertente motivadora, como parte de um processo evolutivo que permite agregar recursos e competências direcionados para objetivos de mudança, para os quais contribuem a convergência entre os dados quantitativos e a observação das características que podem ser replicadas nas diversas etapas da vida.

O diagnóstico na perspectiva da especificidade

Sublinhamos, no decorrer dos tópicos anteriores, que as pessoas possuem características que lhe são específicas, o que nos permite conhecer os traços individuais, principalmente na comparação com um grupo cujas pessoas possuem atributos semelhantes. Ao mesmo tempo, essas observações apontam para objetivos que refletem o estilo de adaptação, a partir de "como" cada um se torna o que é em sua especificidade.

A conjugação desses dois elementos, a saber, os fatores detectados pelos testes e a direção indicativa de desenvolvimento, permite-nos distinguir, na singularidade do indivíduo, não só o componente categórico que estrutura a sua personalidade, mas também o dinamismo de como lida com os fatos da vida. Reavaliar tudo isso no processo psicodiagnóstico ajuda a qualificar a chave educativa (formativa), pois permite explicar como a pessoa se tornou o que é, e a partir dessa consciência, iniciar um projeto de aperfeiçoamento que leve em conta as aspirações norteadoras mais profundas.

Portanto, cada diagnóstico, por mais pontual que seja em sua taxonomia, não consegue contemplar toda a variabilidade presente na história do indivíduo. O quadro de observação que oferece um psicodiagnóstico ajuda a detectar o processo de transição e mudança, deixando de ser uma simples declaração de "verdades" categóricas, para se adaptar a uma chave de leitura formativa (educativa) dos fatos da vida.

A perspectiva educativa (formativa) do processo diagnóstico reside na possibilidade de aprender a planificar o percurso de mudança junto com a pessoa. Certamente tal perspectiva é exigente e, ao mesmo tempo, vital para o processo de crescimento humano e vocacional. Nessa nova relação diagnóstica, podem emergir novos significados, correlacionados com a capacidade de experimentar o uso construtivo das características de personalidade ou atitudes (Deci; Ryan, 2000). O psicodiagnóstico se torna estratégico para destacar aquilo que motiva, que dá sentido integrador entre os aspectos categóricos, propostos pelo diagnóstico, e as aspirações que visam autonomia, competência e relações plenas de sentido existencial.

É assim que a ação diagnóstica se torna uma "estratégia" que destaca o componente motivacional, de atribuição de sentido, no qual será possível integrar os aspectos categóricos, propostos no diagnóstico descritivo, mas também as aspirações que cada um carrega dentro de si, e que podem ajudá-lo a "tornar-se o que pode ser" numa perspectiva voltada ao crescimento. O próprio planejamento da vida e da vocação acontece de maneira criativa. O fato de apegar-se à rigidez dos fatores diagnósticos, das classificações diagnósticas, ou até mesmo à variação criativa, expõe ao risco de transformar um instrumento de informação, como no caso dos testes psicológicos, num processo de obscurecimento da riqueza da variabilidade individual (Scilligo, 2002).

O planejamento criativo dos passos a serem dados (no contexto formativo à vida religiosa consagrada e presbiteral, à formação de caráter permanente) ajuda no processo de integração humana e vocacional. Tal percurso pode ser categorizado em tipos específicos, usando a riqueza dos recursos à disposição na harmonização evolutiva das necessidades existenciais que caracterizam todo o ser vivo. Em razão disso, o indivíduo, único em sua capacidade de adaptação, poderá colaborar em sua própria mudança, trazendo à tona as oportunidades que estão sintonizadas com o seu bem-estar.

Assim será possível integrar os elementos diagnósticos identificados, com uma nova capacidade de adaptação que leve em conta as suas aspirações existenciais. Dessa forma, o indivíduo pode retomar o seu caminho de crescimento, enriquecendo-se com novos entendimentos e novos horizontes para experienciar, restabelecendo aquele desenvolvimento evolutivo, em que os diferentes componentes da sua personalidade se harmonizam com a globalidade do seu ser.

Aspectos motivacionais no planejamento do psicodiagnóstico

Ir além da sintomatologia ou das psicopatologias que debilitam o sujeito em sua adaptabilidade cotidiana para enfatizar os princípios últimos que caracterizam e motivam a estrutura da personalidade nos parece fundamental para o psicodiagnóstico, entendido do ponto de vista do planejamento que visa ao crescimento humano e vocacional. Esse aspecto intencional, que diz respeito ao estudo da personalidade em referência ao próprio significado do devir individual, é particularmente importante para entender como acontece a integração dos vários elementos que contribuem para o funcionamento e o comportamento da pessoa.

Na perspectiva do psicodiagnóstico integrador, a realidade humana é vista não só sob o aspecto da singularidade, isto é, nas suas características distintivas. Acrescenta-se a perspectiva sobre a qual reunir os esforços de melhoria, a partir de uma concepção antropológica em que o indivíduo é aberto a mudanças significativas, que destacam os aspectos proativos emersos da personalidade (Sugarman, 2003). Um diagnóstico que considere essa concepção de personalidade reflete os princípios básicos que regulam o devir individual, facilitando o desenvolvimento integral (Franta, 1982). Tal dinâmica pressupõe o passado (aspecto histórico), o presente (aspecto de singularidade) e o futuro (aspecto orientativo e norteador).

Da forma como estamos propondo o psicodiagnóstico, esse não terá como base apenas os aspectos idiográficos (relativos à história do sujeito) ou nomotéticos (relativos aos dados normativos e generalizáveis dos testes), mas levará em consideração aquilo que a pessoa pretende ser no futuro, partindo dos resultados observados nos dados recolhidos com o uso dos instrumentos psicológicos (Sartori; Ceschini, 2013). É essa perspectiva que motiva o indivíduo a desenvolver um estilo adaptativo construtivo, que lhe permite lutar e progredir mesmo nas situações mais difíceis. Isso requer um planejamento personalizado que vise um crescimento permanente que direcione o/a vocacionado/a, o/a religioso/a consagrado/a ou o presbítero para um percurso formativo qualificado pelo desejo de abertura ao desenvolvimento existencial.

O valor formativo (educativo) do diagnóstico visa ao desenvolvimento de um projeto voltado para a mudança, em que a pessoa seja consciente da possibilidade de influenciar os processos de adaptação e de melhoria. Por essa razão, é necessário sublinhar a necessidade de estudos que indiquem objetivos promotores de saúde e de bem-estar. O psicodiagnóstico, desenvolvido na perspectiva de um projeto, de posse do conhecimento das características de personalidade e da consciência do próprio potencial do indivíduo, procura entender como ele pode reagir criativamente para transformar cada situação diagnosticada em uma oportunidade de crescimento, dando um sentido prospectivo ao processo de desenvolvimento humano e vocacional.

A vida e a vocação, à medida que evoluem (trabalho, relacionamentos interpessoais, ordenações ou votos perpétuos etc.), tornam-se um contributo precioso e criativo daquilo que cada um é. Nós emergimos do que nos foi dado no início e, posteriormente, o transformamos no percurso do nosso desenvolvimento (English, 1988). Ao fazer o psicodiagnóstico, a pessoa pode recuperar a proatividade e dar um significado diferente às categorias psicológicas detectadas, até então consideradas debilitantes. A ideia é que a capacidade renovada de simbolizar os fatos cotidianos motive o sujeito a sair da rigidez de uma visão inflexível das características de personalidade, geradora de resignação e passividade.

Essa aspiração transformadora conduz, consequentemente, a uma compreensão diferente dos fatores estruturais da personalidade (categorias diagnósticas, diferentes indicadores de psicopatologias, interesses conflitantes com a opção vocacional etc.). É encorajado a sair das certezas daquilo que é diagnosticado, orientando-se para um estilo de envolvimento pessoal, imprevisível, por vezes descontínuo, na maioria das vezes intuitivo, mas sempre atento a tudo o que possa ser útil e benéfico para as escolhas e para o bem-estar. É uma atitude diferente que dá uma guinada inesperada no desejo de redescobrir o próprio projeto vocacional.

Ao mesmo tempo, como procuramos enfatizar, é uma aspiração motivadora que nos aproxima dos valores e objetivos projetuais, que podem estar ligados ao senso de direção que envolve toda existência humana. Ao despertar novas curiosidades e novos interesses em relação ao que é observado nos resultados das escalas de um teste, por exemplo, aprende-se uma nova forma de se relacionar consigo mesmo e com o mundo. O objetivo principal é que as informações obtidas no psicodiagnóstico se tornem formação nos contextos eclesiais. Assim, o diagnóstico deverá integrar-se na perspectiva planificadora do crescimento humano e vocacional, para desenvolver uma nova vitalidade que permita olhar para a frente com coragem e determinação.

A narração como processo interpretativo

Cada pessoa possui algumas características relativamente estáveis e bem integradas ao seu estilo de vida, as quais podemos conhecer em seus aspectos descritivos, detectáveis pelo trabalho do psicodiagnóstico. Tais características podem ser generalizáveis, principalmente entre aqueles que compartilham as mesmas vantagens e desvantagens psíquicas, em se tratando da estrutura de personalidade. Em termos do desenvolvimento psicológico, é conveniente, embora arriscado, assumir que certas experiências e processos comuns e, portanto, replicáveis, constituem um modelo de desenvolvimento da personalidade amplamente aplicável. Nesse processo, certamente é assumida a variabilidade da norma. O processo de "codificação" será organizado de forma a identificar as categorias relativas ao caráter e à história do sujeito, em nível genético, hereditário, socioambiental e cultural.

Ao mesmo tempo, os estímulos ambientais e a vida não se encontram em um organismo passivo. Como já enfatizamos, cada pessoa traz consigo um caráter que lhe é específico, inserido em uma particular dinâmica evolutiva. A interação entre as categorias psicológicas e os condicionamentos da vida torna-se um "treinamento" oportuno em que a variabilidade humana abre perspectivas de crescimento que encerram novos significados que emergem da história existencial do indivíduo. Já no ano de 1958, os pesquisadores observavam que os fatores hereditários não são fatores constantes em relação às características de personalidade, mas variam de acordo com as experiências vividas (Anastasi, 1958).

Com efeito, é na vida e nas relações interpessoais que a pessoa manifesta os aspectos complexos da sua estrutura de personalidade, tornando acessível o seu estilo adaptativo e os seus valores existenciais. Para dar voz a essa relação entre os aspectos categóricos e o crescimento humano, o psicodiagnóstico deve facilitar a passagem das questões relativas à identificação das categorias ("Qual fator reporta as maiores pontuações?" ou "Qual a diferença em relação aos outros fatores?"), a questões prospectivas relativas a: "como você aprendeu a usar essa tua característica?", "para quê?", de forma que todo o trabalho de diagnóstico se torne uma tarefa que motive o sujeito a apreender para onde conduzem os fatos de sua vida e as características psicológicas de seu ser. Isso é possível a partir da narração dos comportamentos singulares em que se manifesta a variabilidade do indivíduo, detectável pelas "pequenas unidades" das quais se forma um teste: uma única pergunta, um único elemento que mede uma pequena parte da característica geral de um teste (Boncori, 2013).

Os diferentes construtos, examinados por meio das respectivas definições operacionais, dizem respeito aos diferentes modos de ser de um indivíduo, seu compromisso no mundo, seus desejos e suas frustrações, todos aqueles aspectos vitais que contêm informações sobre como a pessoa aprendeu a ser o que é e para onde pode evoluir. Conhecer tais pressupostos, tipicamente humanos, ativa o aspecto da proatividade adaptada a um projeto existencial que parte do contexto relacional em que a pessoa está inserida (Kashio, 2012).

O fato é que, pela maneira como alguém aprende a integrar as próprias experiências em relação a eventos e relacionamentos, se poderá expandir à história do estilo de adaptação, enriquecido com as novas perspectivas de melhoria que emergem dos dados recolhidos nos instrumentos psicológicos. A partir dos resultados obtidos, a pergunta que surge é: quais são as sugestões psicopedagógicas (formativas) que podem ser dadas a esse sujeito? Quais as perspectivas de mudança podem ser destacadas, que possam interagir com os fatos cotidianos da existência?

O profissional aprende, assim, a sintonizar o psicodiagnóstico com o processo narrativo da pessoa, tornando-o parte integrante do percurso formativo, permitindo passar das definições diagnósticas às estratégias de adaptação que alguém aprende a implementar no curso de sua existência. No passo sucessivo, acontece a abertura aos aspectos evolutivos que o projetam para uma direção precisa, onde se recoloca, no centro da sua história evolutiva, a experiência integradora dos vários componentes do eu.

De uma maneira diferente, como salienta Scilligo (2002, p. 84), cada pessoa que vai ao encontro do outro e conta a sua história de vida, é um artista que pinta um quadro no qual revela a si mesmo com detalhes que nenhum experimento científico pode igualar; os detalhes se compõem em uma configuração que tem sentido, nem sempre consciente, para a pessoa que narra. Quem escuta pode descobrir a riqueza nesse quadro, desvendando o que o narrador gostaria de manifestar na sua pintura. Além disso, cada pessoa é um artista que pinta quadros diferentes, segundo o contexto em que se encontra e segundo o modo como escolhe dar significado às suas pinceladas. O outro, que escuta, pode indicar tais significados e contribuir com informações importantes para aquele que narra, permitindo ao artista tomar consciência da riqueza do quadro que está pintando.

Nas respostas atribuídas a um instrumento psicológico, o sujeito aprende a identificar as muitas faces de sua identidade que o diferenciam dos demais, e entra em contato com o sentido de sua individualidade, dentro de um contexto relacional mais amplo e abrangente. Os testes servem ao paciente, porque lhe permitem, tanto durante a administração, como durante a restituição, identificar alguns dos seus modos de funcionamento de forma mais concreta e definida (Del Corno; Lang, 2002).

Ao reconhecer seus próprios modos de funcionamento, que o levaram a ser o que é, nas diversas características físicas, psicológicas e interpessoais diagnosticadas, ele se prepara para mudar segundo as possibilidades. Dessa forma, o relatório psicodiagnóstico não será apenas uma definição padronizada dos diferentes sintomas e suas conexões com a estrutura da personalidade do sujeito, mas será um trabalho dinâmico, atento à história do estilo de adaptação da pessoa, que evolui para uma meta.

Essa perspectiva "potencializa" o indivíduo no processo de criar significados e ser autor do seu próprio destino, por meio do desenvolvimento das características de identidade, canalizando os seus recursos e as suas competências para objetivos significativos. Só assim a intervenção diagnóstica sai de uma perspectiva categorizadora, árida, que se detém em detectar os traços ou características do indivíduo, para uma metodologia que se conecta, gradualmente, com o processo de crescimento evolutivo, visando não apenas identificar a funcionalidade da intervenção terapêutica, mas também sintonizar aquele "porque" planejador de toda a existência.

O sentido planejador do psicodiagnóstico

Diante da solicitação de um psicodiagnóstico, o psicólogo deve saber dar informações úteis para explicar os fenômenos descritos pelo paciente, a partir da comparação com outras situações semelhantes encontradas nos aspectos generalizáveis da população. Ao mesmo tempo, é necessário ser capaz de fornecer informações claras sobre como usar essas indicações no processo psicoeducativo (formação). Assim, por um lado, o profissional fornecerá indicações para definir as características psíquicas do sujeito; por outro lado, destacará para que servirão essas singularidades no percurso do desenvolvimento humano. Ambas as vertentes devem contribuir para o bem-estar do indivíduo, num projeto que dê sentido evolutivo e intencional à sua existência, num contexto bio-psíquico-social que reforce o sentido de pertença à sua identidade. Conforme salienta Scilligo (2009), a abordagem biográfica é uma descrição exaustiva, mas incompreensível se não se adota uma chave de interpretação que implique a utilização de alguma estrutura no âmbito psicológico.

O psicodiagnóstico, em sentido de projeto que perdura no tempo, ajuda a entrelaçar esses dois componentes, isto é, da semelhança categórica e da especificidade narrativa do indivíduo. Hoje, mais do que nunca, a configuração do trabalho de psicodiagnóstico é baseada nessa abordagem integrativa (Trull *et al.*, 2007). É uma perspectiva essencial também para quem trabalha com o psicodiagnóstico no contexto da vida religiosa consagrada e presbiteral, porque tal função não se limita apenas a dar respostas tecnicamente adequadas, mas facilita a abertura a perspectivas de intervenção formativa. Em outras palavras, o psicodiagnóstico, na perspectiva do crescimento humano e vocacional, precisa indicar os aspectos que se conectam com a formação permanente.

Essa ligação entre a necessidade de reconhecer o que une o indivíduo a um grupo, e o que o diferencia, tem um valor eminentemente pedagógico (formativo), uma vez que nos compromete a dar sentido ao que se mede, ou às características de personalidade que são diagnosticadas. Essa perspectiva é fecunda na medida em que a intervenção diagnóstica se insere num processo de crescimento em que a pessoa aprende a dar sentido às suas experiências de vida. Inclui-se tanto às suas potencialidades quanto aos seus aspectos desadaptativos, no processo de redescoberta da forma como utilizou as próprias características psíquicas, as raízes de seu "potencial", bem como as motivações que o projetam para um futuro melhor.

A integração das categorias diagnósticas, na visão evolutiva da existência, torna-se real sempre que a pessoa manifesta sua necessidade de mudança e aperfeiçoamento, sintonizando-se com os aspectos intencionais de sua humanidade. As dimensões psicológicas aferidas por meio dos testes tornam-se uma oportunidade de inovação e mudança em que o indivíduo reconhece que "[...] a existência é um modo de ser, e, em verdade, o ser humano, *o ser que é especificamente próprio ao homem*, o ser cujo modo de ser consiste no fato de que o que está em questão no homem *não* é um ser fático, *mas* um ser *facultativo* [...]" (Frankl, 2014, p. 59).

Nesse sentido, os diferentes aspectos da identidade, crenças sobre o mundo, estilo relacional, traços de caráter, bem como os aspectos conexos ao sofrimento psíquico não serão apenas categorias imutáveis que determinam o destino de alguém, mas aspectos de si mesmos que motivam o processo de desenvolvimento contínuo que caracteriza a existência de cada indivíduo.

V
A FORMAÇÃO E A PREVENÇÃO ÀS PSICOPATOLOGIAS NO CONTEXTO ECLESIAL

Resumo do capítulo: o estudo sobre a saúde mental no contexto formativo à vida religiosa consagrada e presbiteral tem dado passos significativos nos últimos anos, principalmente em se tratando do levantamento e da análise de dados. Igualmente significativos têm sido os estudos sobre a prevenção à saúde mental. Desse modo, partindo dos resultados das pesquisas empíricas, indicaremos alguns pressupostos formativos que contribuem para a prevenção às psicopatologias no contexto eclesial. Basicamente, propomos que o cuidado com a saúde mental dos/as religiosos/as consagrados/as e dos presbíteros passe por dois aspectos importantes: evitar e conter a incidência de transtornos mentais e o sofrimento psicossocial; e promover a saúde mental enquanto qualidade de vida. Tais pressupostos nos colocam em uma direção fundamental, isto é, que o psicodiagnóstico se desenvolva em uma perspectiva formativa que desperte o sentido da vida e da vocação.

Palavras-chave: psicologia preventiva, prevenção às psicopatologias, formação permanente.

A discussão sobre o que é "normal" ou "patológico", ao longo do tempo, assumiu conotações diversas. Em sentido amplo, podemos dizer que é "normal" todo aquele que muda, que se transforma e busca viver de maneira diferente os desafios que a vida apresenta. A proposta de leitura das psicopatologias, tendo como referência as experiências no contexto da vida religiosa consagrada e presbiteral, leva-nos a entender o quanto é importante o cuidado com a saúde mental dos presbíteros e dos/as religiosos/as consagrados/as. Basta que pensemos nos possíveis problemas que possam surgir do ativismo pastoral, as dificuldades oriundas da vivência da afetividade, as psicopatologias que surgem de problemas existenciais etc. O princípio da realidade nos indica que é importante identificar cada circunstância como uma oportunidade para o crescimento, em um quadro referencial que permite aos/as religiosos/as consagrados/as e aos presbíteros darem um novo sentido às situações difíceis encontradas ao longo da vida.

O cuidado psicológico dos presbíteros e dos/as religiosos/as consagrados/as precisa ser inserido dentro de um projeto que valorize a vocação. Do que foi escrito ao longo deste livro, consideramos duas possibilidades: a primeira delas, na perspectiva da psicologia, com o objetivo de compreender a dinâmica psicológica do presbítero ou do/a religioso/a consagrado/a; a segunda possibilidade é de natureza formativa, inserida numa dinâmica vocacional que considera toda a existência sendo sujeita a revisões em todas as fases da vida e do percurso formativo, na medida em que aumenta o empenho com o desenvolvimento vocacional.

No capítulo anterior, enfatizamos que o psicodiagnóstico, inserido na perspectiva vocacional, permite planejar o processo formativo a longo prazo, conectá-lo com a história evolutiva do presbítero ou do/a religioso/a consagrado/a, com o objetivo de facilitar o seu crescimento humano e espiritual. Tal perspectiva psicodiagnóstica deixará de estar centralizada na urgência das necessidades pontuais e episódicas, para considerar todo o ciclo de vida, assumindo uma modalidade de prevenção em relação às dificuldades identificadas ou latentes.

Nos últimos anos, temos publicado diversos artigos cuja temática aborda a saúde mental no contexto da vida religiosa consagrada e presbiteral (Sanagiotto; Pacciolla, 2022a). Neste capítulo, nos parece importante salientar algumas conclusões relevantes que poderão nos ajudar a lançar perspectivas realistas sobre o psicodiagnóstico nos contextos formativos à vida religiosa consagrada e presbiteral, principalmente em se tratando da prevenção às psicopatologias.

Janela interativa 10
Termos comuns usados para definir a prevenção à saúde mental

Terminologia	Definição convencional
Saúde mental	A OMS define saúde mental como um estado de bem-estar no qual uma pessoa está ciente de seu potencial, equipada para lidar com os estressores típicos da vida, capaz de usar de modo produtivo e frutífero seus potenciais, sendo capaz de contribuir para sua comunidade (Saxena; Maulik, 2002).
Promoção da saúde mental	É um meio de capacitar as pessoas a assumirem o controle de sua própria saúde e bem-estar. Abrange várias iniciativas destinadas a efeitos positivos na saúde mental e relaciona-se com o bem-estar mental e não com a doença mental (Saxena; Maulik, 2002). Qualquer intervenção que seja feita para melhorar a saúde mental e o bem-estar de indivíduos e comunidades. Melhorar a capacidade de um indivíduo, família, grupo ou comunidade de reforçar ou promover boas experiências emocionais, cognitivas e associadas (Hodgson; Abbasi; Clarkson, 1996).
Proteção da saúde mental	Não existe uma definição universalmente aceita de proteção à saúde mental. A definição foi derivada do significado literal de proteção, que afirma "o ato de manter alguém/algo seguro para que ele/ela não seja prejudicado ou danificado". No modelo de prevenção da doença, a proteção da saúde enquadra-se na prevenção primária para prevenir a ocorrência da doença, física ou mental.

Pressupostos teóricos para uma psicologia preventiva

Conforme enfatizamos nos capítulos anteriores, o psicodiagnóstico na perspectiva vocacional abrange diversos fatores no amplo campo da vida religiosa consagrada e presbiteral. Talvez a pergunta que tanto é feita nos diversos contextos eclesiais, no que diz respeito à saúde mental na vida religiosa consagrada e presbiteral, seja: o que podemos fazer para cuidar dos presbíteros e dos/as religiosos/as consagrados/as que passam por alguma dificuldade psíquica? É possível atuar para prevenir o desenvolvimento de quadros psicopatológicos? O que é possível ser feito no âmbito da formação inicial e permanente? A resposta a essas perguntas é complexa e exige a convergência de diversas áreas do saber, no amplo campo da formação inicial e permanente.

Para tanto, pretendemos sublinhar alguns fatores importantes ligados à psicologia preventiva. Em se tratando do psicodiagnóstico, a prevenção se torna fundamental, visto que, no caso do uso de testes psicológicos no processo de discernimento vocacional, por exemplo, pode-se desenvolver um percurso formativo e psicoterapêutico (quando necessário) em que se antecipe o desenvolvimento de possíveis quadros psicopatológicos mais graves.

Em termos conceituais, a prevenção aplicada à saúde nasce no âmbito médico, mais especificamente, na medicina social (Becciu; Colasanti, 2016). Com o passar do tempo, foi introduzida em outros âmbitos, entre eles a psicologia. Seguindo um critério da gravidade no desenvolvimento da doença, a prevenção pode ser classificada em três níveis (WHO, 2021): a *prevenção primária*, que visa prevenir a ocorrência de uma doença; a *prevenção secundária*, que tem como objetivo interromper ou retardar patologias já existentes, principalmente por meio de um diagnóstico precoce e do cuidado adequado; a *prevenção terciária*, que tem como objetivo prevenir as consequências de uma determinada doença. A diferença na forma como cuidar consiste, no caso da prevenção primária e secundária, na cura da doença e do tratamento do paciente, enquanto no caso da prevenção terciária, nas implicações secundárias da doença.

Em se tratando do psicodiagnóstico, esse pode indicar o uso apropriado de uma das formas de intervenção preventiva, seja ela institucional ou individual. Se a demanda trazida pelo/a religioso/a consagrado/a, pelo presbítero ou pela instituição eclesial estiver dentro de um avançado quadro de psicopatologia, provavelmente a intervenção poderá ser secundária; e, em casos mais graves: terciária. Portanto, conhecer alguns pressupostos teóricos da psicologia preventiva nos ajuda a encaminhar, perante as congregações religiosas e as dioceses, a intervenção mais adequada, tendo como base os resultados vindos da avaliação psicológica.

Prevenção e saúde mental: critérios de classificação

No âmbito da promoção da saúde mental e da prevenção às psicopatologias, objetivo transversal nas páginas deste livro, encontramos diversos pesquisadores que propuseram intervenções que contribuíram para prevenir o desenvolvimento e a consolidação de problemas relacionados à psiquê. Considerando que o conteúdo deste livro aborda o psicodiagnóstico, será dada especial atenção aos aspectos preventivos. Em termos gerais, a prevenção distingue-se com base em três critérios fundamentais: o critério do tempo, o critério da população-alvo, o critério da extensão.

Os pesquisadores que têm como base teórica o *critério temporal* (Caplan, 1964; Cowen, 1980) classificam as intervenções preventivas de acordo com o momento em que são realizadas em relação ao surgimento do distúrbio ou da doença. Teremos, assim, uma prevenção primária voltada para prevenir o aparecimento de transtornos psíquicos por meio do enfraquecimento das condições patogênicas, como também promover o bem-estar; a prevenção secundária visa bloquear a evolução da doença nas fases precoces ao seu aparecimento, por meio do diagnóstico precoce e da intervenção nos fatores de risco; a prevenção terciária visa reduzir as consequências negativas dos distúrbios, por meio da reabilitação das habilidades que foram afetadas pela presença da doença.

Apesar de ser um modelo de prevenção que, aparentemente, se apresenta como viável, várias críticas foram feitas em relação à classificação das intervenções preventivas de acordo com o critério do tempo. De fato, o próprio Cowen (1980), alguns anos mais tarde, argumentou que as intervenções terciárias estavam mais alinhadas com o tratamento do que com a prevenção. Entre as principais controvérsias relacionadas à adoção do critério temporal, elencamos duas considerações significativas para o contexto deste capítulo.

Em primeiro lugar, enquanto no campo médico é possível especificar as causas de uma patologia, não é assim no contexto da saúde mental, quando nos deparamos com uma multiplicidade de variáveis em jogo, e as ligações entre fatores etiológicos e resultados disfuncionais são muito incertos e probabilísticos. A prevenção primária, segundo o critério temporal, não parece realista quando aplicada à saúde mental. A prevenção à ansiedade ou à depressão, por exemplo, não é como imunizar crianças usando vacinas.

Em segundo lugar, no campo médico, os tempos entre os fatores etiológicos e o início dos sintomas são relativamente curtos e os próprios procedimentos de triagem são relativamente simples, eficazes e aceitáveis. Tudo isso não acontece na saúde mental. Em diferentes idades e dependendo da situação, nem sempre é fácil determinar quem pertence a um grupo de risco, em que medida e quais intervenções poderiam ser mais benéficas.

Portanto, o critério temporal é promissor quando aplicado ao âmbito médico, porém, no campo da saúde mental e do sofrimento psíquico, temos que recorrer a outros critérios. Seguindo esse princípio, a proposta de Bloom (1984), posteriormente retomada e aprofundada por Heller e colaboradores (1989), indica a *prevenção que tem como critério uma população-alvo*. Tal conceito pressupõe que a prevenção atinja o maior número possível de pessoas dentro de uma "comunidade amplificada", tais quais: a prevenção para grupos de pessoas que se encontram numa mesma fase particular da vida, a prevenção dirigida a indivíduos que estão em situação de risco psicossocial etc. Na prevenção que tem como objetivo a comunidade amplificada, todos os membros de um determinado grupo recebem a mesma intervenção preventiva, independentemente de sua condição e risco de desenvolver um distúrbio específico.

Entre as muitas possibilidades da prevenção com uma população--alvo, elencamos duas: a prevenção para *grupos de pessoas que vivem uma mesma fase particular da vida* e a prevenção a *indivíduos de alto risco*. No que diz respeito ao primeiro fator preventivo, esse dirige--se àqueles que se encontram em um mesmo ciclo vital que, pelas mudanças em percurso, pode constituir um fator de risco (ingresso na faculdade, mudança de comunidade, passagem pelo meio da vida, primeiros anos de votos perpétuos ou ordenação presbiteral, aposentadoria, proximidade de morte etc.). No que diz respeito ao segundo fator preventivo, dirigida a *indivíduos de alto risco*, concentra-se em grupos considerados vulneráveis devido à sua condição particular (filhos que conviveram com pais alcoólatras, sobreviventes de situações sociais específicas, vítimas de abusos de diversos tipos etc.).

Enquanto conceito, a intervenção com a população-alvo evoluiu, por exemplo, quando a ação interventiva acontece antes da manifestação de uma determinada psicopatologia (Rowling; Martin; Walker, 2004). Recentemente, Romano (2014) propôs uma conceituação de prevenção que consiste em cinco especificações:

1) Impedir a continuidade de um problema que sempre existiu (semelhante à prevenção universal e primária);

2) Retardar o aparecimento de um problema relacionado a variáveis sociodemográficas ou intervir com pessoas em risco de desenvolver um problema (semelhante à prevenção secundária, seletiva e indicada);

3. Reduzir o impacto de um problema existente (semelhante à prevenção terciária);

4) Aprofundar conhecimentos, atitudes, comportamentos e habilidades para aumentar a proteção contra possíveis problemas ou transtornos (formação para administrar questões financeiras, educar para o cuidado pessoal, formar para viver relações interpessoais saudáveis etc.);

5) Apoiar e incentivar políticas comunitárias e institucionais de promoção da saúde e bem-estar físico e emocional.

Afastando-nos da esfera da saúde mental em sentido estrito, alargando o leque de intervenções preventivas ao sofrimento psicossocial, podemos encontrar uma nova distinção assente, dessa vez, *no critério da extensão* (Regoliosei, 2010). Nesse quesito, encontramos duas formas de prevenção: (a) específica: que se refere à intervenção sobre os fatores de risco de determinadas doenças ou formas de problemas psicossociais; (b) e não específica: que diz respeito a intervenções destinadas a aliviar condições de privação cultural, emocional e social e a melhorar as condições de vida em geral.

As classificações até aqui referidas dizem respeito ao conjunto das intervenções. No entanto, gostaríamos de dedicar maior espaço para a intervenção primária, visto que, na literatura, encontramos maiores especificações no que se refere à prevenção primária. E é nelas que vamos nos concentrar agora.

A prevenção primária e a saúde mental

A prevenção primária descreve um conjunto de procedimentos destinados a promover uma boa saúde e antecipar disfunções de diversas naturezas. A prevenção primária, na saúde mental, é um campo mais restrito dentro do amplo conceito da prevenção, tendo o mesmo objetivo geral, porém, com objetivos específicos que a caracterizam: melhorar a saúde psicológica e prevenir disfunções e dificuldades de adaptação psicossocial.

Em uma perspectiva histórica, diversos autores dedicaram espaço em suas teorias para a prevenção primária. Para Caplan (1964) a prevenção primária é um conceito comunitário; envolve a diminuição de novos casos de transtorno mental em uma população, durante determinado período específico, agindo nas circunstâncias prejudiciais antes que essas possam conduzir a problemas psicológicos mais graves. Não se trata de evitar que uma pessoa específica fique doente, mas de reduzir o risco de doenças para toda a população, de modo que, embora alguns possam adoecer, esses números serão reduzidos.

Para Bower (1969), a prevenção primária em saúde mental se refere a qualquer intervenção social ou psicológica que promova ou fortaleça o funcionamento psíquico, reduzindo a incidência de distúrbios emocionais na população em geral. Para Goldston (In: Bloom, 2014), a prevenção primária é um conjunto de atividades destinadas à identificação de grupos vulneráveis. Especificamente, em tais grupos que não foram identificados com problemas psicológicos, podem-se ativar medidas para evitar o aparecimento de transtornos emocionais e/ou fortalecer o nível de saúde mental positiva. Segundo Lofquist (1983), a prevenção primária é um processo ativo e assertivo que visa criar condições e/ou promover qualidades pessoais que favoreçam o bem-estar coletivo.

Cowen (1980) inclui, na prevenção primária, um conjunto de intervenções que priorizam a adaptação psicológica, o bem-estar e as capacidades de enfrentamento, destinado a indivíduos que não apresentaram sintomas psíquicos. O autor distingue duas formas de prevenção primária: (a) a *primeira* tem como objetivo o contexto e visa reduzir as fontes de estresse, ao mesmo tempo que promove o aumento das oportunidades para se viver adequadamente em uma determinada sociedade. Trata-se de lutar contra as injustiças sociais, as várias formas de marginalidade, as pessoas indefesas etc.; (b) a *segunda* visa desenvolver a capacidade das pessoas para lidar com eventos e situações estressantes e, por sua vez, é dividido em: foco na situação problemática e foco no aumento da competência.

Em síntese, a prevenção primária centrada na situação problema visa reduzir a probabilidade de consequências adversas oriundas de circunstâncias específicas que podem se agravar com o passar do tempo. A prevenção primária centrada na pessoa tem seu foco no aumento das competências e habilidades pessoais, com ou sem risco de transtorno psíquico, visando fortalecer o repertório adaptativo.

Outros autores, como Catalano e Dooley (1983), falam em prevenção primária proativa e reativa. A prevenção primária proativa visa promover habilidades e ativar estratégias de ação para prevenir o aparecimento de fatores de risco. Um exemplo de prevenção primária proativa pode envolver, por exemplo, a preparação de casais para cuidar de seus filhos. A prevenção primária reativa visa preparar os indivíduos para lidar, eficazmente, com uma situação estressante previsível (por exemplo, cirurgia, divórcio dos pais), a fim de reduzir os efeitos desestabilizadores que podem derivar dela.

Embora as definições mencionadas não sejam totalmente sobreponíveis entre si e apresentem matizes conceituais diferentes, é possível encontrar pontos de convergência entre elas. Em particular, podemos observar uma ênfase comum em dois grandes objetivos: fortalecer a saúde mental e prevenir o desenvolvimento de problemas psicológicos. Além disso, reiteram, constantemente, que os programas de prevenção primária devem: (a) agir "antes de ..."; (b) ser orientados para o grupo e não somente ao indivíduo; (c) dirigir-se às pessoas saudáveis, embora também possam ser estendidas àquelas que se encontram em situação de risco; (d) pressupor um conhecimento básico que indique que as intervenções realizadas realmente fortalecem a saúde mental ou, ao menos, reduzem os efeitos negativos sobre o psíquico.

Historicamente, as principais áreas de interesse da prevenção primária em saúde mental se concentraram em três grandes linhas de ação: a promoção do bem-estar psicológico, o estudo e a mudança das diversas realidades sociais e, enfim, a promoção de recursos e resiliências. Tal percurso vem aprofundado a seguir:

a) *Promoção do bem-estar psicológico*: a prevenção primária contribui para que as pessoas adquiram conhecimentos e padrões de comportamento que favoreçam a autorregulação pessoal, interpessoal e social. O enfrentamento de eventos estressantes da vida, que podem predispor a desfechos psicológicos indesejáveis, afrontados, preventivamente, com programas voltados para o fortalecimento dos recursos pessoais que contribuam para evitar os efeitos negativos previsíveis (Felner; Ginter; Primavera, 1982);

b) *Análise e alteração das realidades sociais*: especificamente, a ação preventiva é feita usando estruturas e instituições espe-

cíficas (como escolas, igrejas, comunidades, realidades territoriais), nas quais se implementam políticas sociais voltadas para a melhoria da qualidade de vida. Tal aprimoramento se desenvolve usando sistemas de suporte "natural" em que se desenvolve uma ecologia de ajuda informal (Collins, 1976);
c) Atualmente, a prevenção primária em saúde mental, mantendo a atenção nas áreas anteriormente mencionadas, concentra o seu foco *na promoção de recursos e de resiliências*. A ideia é que, tanto na idade de desenvolvimento quanto na idade adulta, mantenham certa perspectiva de constante desenvolvimento, apesar das adversidades da vida (Cyrulnik, 2001).

Mas quais são as vantagens da prevenção às psicopatologias na saúde mental? Existe uma mudança efetiva, a longo prazo, na execução de um programa preventivo de intervenção? Atualmente, as pesquisas ligadas à neurociência destacam que o cérebro não possui uma estrutura estática, cristalizada, mas possui o que se chama de neuroplasticidade sináptica, dependente diretamente das experiências vividas ao longo da sua vida, desde a tenra idade. Assim, se na idade fetal fatores ambientais como nutrição inadequada, uso de substâncias psicoativas e violência sofrida pela mãe podem influenciar o desenvolvimento cerebral, após o nascimento e ao longo da vida, são as experiências adquiridas em contextos sociais que remodelam as conexões sinápticas (Hyman, 2000). As pesquisas apontam para a importância de agir antecipadamente sobre os fatores que, potencialmente, podem se tornar nocivos, sobretudo aqueles relacionados ao desenvolvimento de transtornos mentais ou comportamentais.

Com o avanço das pesquisas, principalmente de caráter empírico, os dados, cada vez mais consistentes, confirmam uma estreita correlação entre saúde mental e física. Assim, a saúde mental, quando fragilizada, leva a um empobrecimento das funções imunológicas, por exemplo. A assunção de um estilo de vida pouco saudável implica o aumento nos índices de mortalidade, e não somente isso, pois a saúde física precária, muitas vezes, atua como antecedente de transtornos mentais ou comportamentais.

Cada vez mais fica claro que o contexto social tem envolvimento direto com o sofrimento mental e os processos psicopatológicos. Daí a necessidade de identificar os fatores que se entrelaçam no desenvolvimento de problemas psicológicos, para que os profissionais, em uma abordagem multidisciplinar, atuem na proteção à saúde para promover o seu desenvolvimento em nível individual e coletivo.

Esse breve percurso, em que consideramos as principais abordagens da psicologia preventiva, ajuda-nos a entender a trajetória pela qual diversas áreas do saber convergiram para o desenvolvimento de um constructo teórico caracterizado pela ação antecipada e, portanto, preventiva. Resta-nos entender a incidência de tais abordagens quando consideramos o contexto da vida religiosa consagrada e presbiteral.

A prevenção no contexto formativo

A saúde mental no contexto eclesial, especificamente entre os/as religiosos/as consagrados/as e os presbíteros, é complexa, e precisamos lidar com múltiplas variáveis. Em se tratando do psicodiagnóstico e de como podemos desenvolver programas formativos preventivos, destacamos nos capítulos anteriores que a psicologia tem muito a contribuir. Provavelmente, o grande desafio que enfrentamos em tempos atuais é o de desenvolver e aprimorar as habilidades que possam ser usadas como recurso preventivo. Referimo-nos, basicamente, à prevenção que vai além da ação em situações em que há um quadro psíquico comprometido. Significa abordar não só aqueles que estão psicologicamente fragilizados, mas aqueles que se encontram psicologicamente estáveis: da condição relacional, da vivência da afetividade, das experiências de vida, da qualidade de vida e dos diversos fatores de risco e de proteção.

A saúde mental no contexto formativo da vida religiosa consagrada e presbiteral, como especificamos nos capítulos anteriores, estabelece fronteira com diversas disciplinas, entre as quais destacamos: a psicoterapia, a psiquiatria, a formação continuada, as assessorias etc. Poderíamos dizer que as fronteiras se estabelecem em uma dupla perspectiva preventiva, com uma peculiar orientação voltada para o futuro: (1) de *evitar e de conter* a incidência de transtornos mentais e de sofrimento psicossocial; (2) da *promoção* de saúde mental enquanto qualidade de vida.

Em se tratando da primeira perspectiva – *de evitar e de conter a incidência de transtornos mentais e de sofrimento psicossocial* –, a intervenção preventiva age antecipadamente em uma dinâmica do que está por acontecer, para que, de fato, não aconteça. Para ilustrar, imaginemos um presbítero, recém-ordenado, que assumiu como pároco em uma cidade do interior do Brasil e que mora sozinho. Nos últimos anos, passaram por aquela paróquia diversos presbíteros, todos com idade já avançada, que já não tinham grande vigor pastoral, de tal forma que a pastoral já estava bem debilitada: poucas pessoas vinham à missa, muitos conflitos, dívidas a ser pagas etc. Diante desse desafio pastoral, o jovem presbítero se lamentava da sua falta de experiência, por estar morando sozinho e ter tendência à depressão. Para acrescentar, não conseguia falar com o bispo sobre a sua situação. Como podemos observar, um quadro vivencial bastante delicado e que exige uma ação interventiva para evitar que problemas maiores possam acontecer.

Os pressupostos para a ação passam pela promoção de condições pessoais, sociais e ambientais que, além de minimizar o risco de acentuar quadros psicológicos frágeis, promovam a saúde e o bem-estar. Em particular, a prevenção antecipada se interessa pelos complexos processos psicossociais e ambientais que influenciam na incidência e prevalência de determinada psicopatologia. Assim, surge uma ponte valiosa entre a psicologia focada na intervenção em situações graves, orientada para o indivíduo, mas também uma intervenção focada no macrossistema e nas ações coletivas (Orford, 2003). Nessa perspectiva, são adotadas práticas baseadas em evidências que utilizam teorias psicológicas para promover a saúde e o bem-estar no âmbito individual e sistêmico e, a partir delas, promover mudanças institucionais que atuem sobre os determinantes que protegem e evitam riscos (Romano, 2014).

Enfim, no que diz respeito ao primeiro objetivo, ou seja, prevenir ou moderar as principais variáveis disfuncionais, no contexto da vida religiosa consagrada e presbiteral, significa diminuir a influência dos fatores que induzem a determinada sensação de mal-estar existencial e relacional. Os esforços preventivos são, portanto, direcionados para a formação sistemática e o enfraquecimento dos fatores que antecedem comportamentos considerados problemáticos; não somente isso, mas também agir para identificar e fortalecer os fatores que condizem com uma proteção efetiva na promoção da saúde mental.

No que diz respeito à segunda perspectiva – *da promoção da saúde mental enquanto qualidade de vida* –, as ações visam aumentar o bem-estar psicológico, as habilidades de enfrentamento, a resiliência e o criar condições ambientais favoráveis à promoção da saúde mental. Essa perspectiva oferece um elo de trabalho multidisciplinar. A prevenção e a promoção configuram-se, portanto, como componentes conceitualmente distintos, mas interligados por um mesmo conceito de saúde mental, que produzem resultados diversos, porém complementares. Para alcançá-lo, a promoção, com o objetivo de aumentar a saúde mental positiva, tem como efeito secundário a diminuição da incidência de sofrimento mental (WHO, 2021).

Para entendermos melhor a relevância da prevenção às psicopatologias e da promoção da saúde mental, retomamos o exemplo acima elencado, do jovem presbítero que se tornou pároco em uma paróquia com muitas dificuldades pastorais. Poderíamos nos perguntar: como promover a saúde mental em situações semelhantes no contexto eclesial?

Primeiramente, não poderíamos deixar de citar o compromisso das dioceses e congregações religiosas de formar os presbíteros e os/as religiosos/as consagrados/as permanentemente. Os diversos documentos do Magistério Eclesial que se referem à formação elencam que a formação é contínua. Já desse princípio, possuímos um meio no qual a prevenção e a promoção da saúde mental podem ser inseridas. A ideia é que haja uma interface entre a prevenção às psicopatologias e a promoção da saúde mental que vise:

a) Analisar e identificar os fatores pessoais e ambientais capazes de produzir distúrbios no indivíduo e no contexto eclesial;

b) Reconhecer os índices preditivos de um determinado problema para intervir antes que ele se desenvolva;

c) Planejar e implementar projetos de intervenção visando reduzir potenciais fatores causadores de problemas psíquicos.

Provavelmente, o jovem presbítero, que assumiu uma missão árdua como a de ser pároco em um ambiente pastoral com sérias dificuldades, demonstrou, durante o seu percurso formativo inicial, que possuía algumas fragilidades psíquicas. Talvez, pelo menos nos primeiros anos de ministério pastoral, ficar sozinho em uma paróquia com diversos problemas pastorais e administrativos represente um *fator ambiental* capaz de aumentar o risco de um *fator individual*, denominado tendência à depressão.

Em se tratando dos *indicativos* de problemas psíquicos relacionados aos primeiros anos de ordenação presbiteral, as pesquisas indicam que os presbíteros e os/as religiosos/as consagrados/as têm maior tendência a entrar na dinâmica do burnout (Sanagiotto; Pacciolla, 2022b), a sentirem-se desmotivados e abandonarem a vocação (Sanagiotto; Santin, 2024), a desenvolverem uma afetividade negativa em relação à práxis pastoral (Sanagiotto; Pacciolla, 2022a) etc.

Certamente, o quadro psíquico do presbítero que estamos citando como exemplo nos indica claramente a necessidade de *intervir* preventivamente, por meio de um *programa* formativo permanente, direcionado a enfrentar situações pastorais mais delicadas sem, contudo, adoecer, mas também a promover a saúde mental. Enquanto proposta, diríamos que partiria da análise e identificação dos fatores ambientais que poderiam ser usados como recurso na promoção da saúde mental individual. Em seguida, seria importante planejar e implementar intervenções destinadas a aumentar os fatores potencializadores de proteção da saúde integral.

Janela interativa 11
Métodos de intervenção

No contexto deste livro, que considera o psicodiagnóstico entre os presbíteros e os/as religiosos/as consagrados/as, gostaríamos de elencar alguns métodos de intervenção que ajudem o profissional psicólogo e os contextos eclesiais a inserir os resultados vindos do psicodiagnóstico ao interior de um amplo percurso de promoção e prevenção da saúde mental. Propomos, portanto, considerar a prevenção como parte integrante de uma série de ações sequenciais destinadas a melhorar a saúde mental, seguindo a seguinte ordem:

1) **A prevenção** inclui intervenções preventivas universais, seletivas e indicadas, respectivamente dirigidas a toda a população, aos grupos de risco, aos que apresentam sinais precursores de determinada tendência a quadro psicopatológico;

2) **O tratamento** inclui intervenções destinadas a identificar casos e tratar os distúrbios;

3) **A manutenção** inclui intervenções de tratamento de longo prazo para redução de recaídas, cuidados posteriores e reabilitação, caso seja necessário.

Como estamos enfatizando a intervenção preventiva, gostaríamos de nos deter mais especificamente nas características da intervenção universal, seletiva e indicada.

1) **Intervenções universais** caracterizam-se pelos seguintes elementos: visam à promoção da saúde mental e não à prevenção de um distúrbio; visam à população saudável; qualificam-se como desejáveis a todos, são mais econômicas (relação custo-benefício) e realistas; dizem respeito, principalmente, à promoção da resiliência e dos fatores de proteção;

2) **Intervenções seletivas** destinam-se àqueles que apresentam, em comparação com a população em geral, maior risco de desenvolver transtornos mentais que, no entanto, não apresentam sinais psicopatológicos objetivos; não correm o risco de estigmatização; são orientados para o enfraquecimento dos fatores potencializadores de risco correlacionados; privilegiam o método promocional e baseiam-se no aumento da resiliência, fatores de proteção, enfrentamento de situações estressantes;

3) **Intervenções específicas** têm as seguintes características: têm como destinatários aqueles que já apresentam sinais de doença mental e distúrbios clínicos. Quanto antes descobertos, eles antecipam a intervenção; visam reduzir o efeito patogênico de múltiplos fatores de risco; devido à especificidade da intervenção, os custos e a possibilidade de que os efeitos não produzam resultados desejados aumentam.

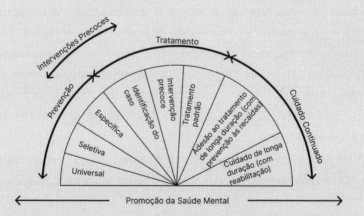

Figura 1 – Ilustração do processo de promoção da saúde mental, segundo o *Institute of Medicine (IOM) Committee on Prevention of Mental Disorders*, adaptado de Mrazek e Haggerty (1994).

O psicodiagnóstico na perspectiva vocacional: despertar o sentido da vocação

O psicodiagnóstico na perspectiva vocacional, integrado à prevenção das psicopatologias e à promoção da saúde mental, pressupõe ir além dos sintomas e do mal-estar psicologicamente debilitante. A intervenção psicodiagnóstica, com um claro objetivo formativo, concentra-se nas características de personalidade enquanto possibilidades. O trabalho do psicólogo se fundamentará não somente no passado do/a religioso/a consagrado/a ou do presbítero, nem muito menos na sintomatologia, mas naquilo que está por vir, nas perspectivas futuras. O empenho em desenvolver um projeto formativo permanente leva em consideração os recursos que caracterizam o desejo de mudança que perdura por toda vida.

É para essa direção que precisa caminhar o psicodiagnóstico na perspectiva vocacional: indicar um percurso de crescimento humano e vocacional que impulsiona cada religioso/a consagrado/a ou presbítero a progredir, superando, inclusive, as situações mais difíceis. Tal visão está em consonância com os ideais que integram o processo formativo personalizado de formação permanente. Um percurso de mudanças reais, que qualifica não somente a classificação das categorias diagnósticas, mas, sobretudo, o desejo de sentido que cada um traz dentro de si mesmo, como uma contínua tensão criativa, direcionada ao desenvolvimento vocacional de toda a existência.

Tal perspectiva tem uma validade transformadora porque motiva o/a vocacionado/a, o/a religioso/a consagrado/a ou o presbítero a orientar-se e a progredir em uma finalidade específica, apesar dos obstáculos e dos eventos adversos que podem se apresentar ao longo do caminho formativo/vocacional. Desse modo, a pessoa se torna consciente das mudanças que acontecem. Além disso, evitam-se as classificações que reduzem o/a vocacionado/a, o/a religioso/a consagrado/a ou o presbítero às categorias psicológicas padronizadas, indo na direção das novas oportunidades de significado existencial.

Esse é o objetivo do psicodiagnóstico na perspectiva vocacional: indicar os fatores que promovam a transformação existencial e despertem o sentido da vocação, na medida em que se promove o cuidado. Os dados descritivos das características de personalidade são inseridos no processo da formação continuada. A grande contribuição da convergência entre a psicologia e o percurso formativo está na mudança de direção da ação formativa. O foco não se encontra mais nas necessidades individuais, nas crenças pessoais ou nas convicções de defesa instituídas como motivação existencial para reagir, mas na construção de novos significados. A ideia de fundo é que há sempre uma ocasião para melhorar, que cada situação pode ser transformada, incluindo as mais dolorosas.

A práxis pastoral dos/as religiosos/as consagrados/as e dos presbíteros e as relações estabelecidas com o contexto representam a expressão criativa do que cada um é. Enquanto seres humanos, nós emergimos daquilo "que nos foi dado na partida", para, sucessivamente, deixar-nos transformar no percurso do nosso desenvolvimento humano e vocacional. No processo psicodiagnóstico, a pessoa pode se reapropriar do percurso evolutivo para imprimir um sentido formativo às situações que proporcionam sofrimento, recuperando a capacidade de simbolizar, transformar e criar, em colaboração e em harmonia com os outros, um relacionamento de profunda humanidade.

O psicodiagnóstico que desperte o sentido vocacional motiva o/a religioso/a consagrado/a ou o presbítero a sair da rigidez de uma visão idealizada dos traços de personalidade (um bom presbítero/ uma boa irmã deve dar sempre exemplo de generosidade, acolhida, sorriso... e deve ser sempre assim), ou de uma concepção determinista dos problemas psicológicos (age desse modo porque teve uma infância infeliz), para proceder na direção de um novo modo de existir. Trata-se de uma necessidade primordial que impulsiona a pessoa na direção de uma qualidade de vida, uma capacidade de integração de si mesmo na direção de uma evolução criativa.

Tais aspirações transformativas comportam uma compreensão diversa dos fatores estruturais da personalidade (as categorias diagnósticas). O/A religioso/a consagrado/a ou o presbítero é encorajado a sair das velhas certezas de ter sido sempre desse modo, na direção de um estímulo novo que, pela sua natureza transformadora, é imprevisível, algumas vezes descontínuo, muitas vezes intuitivo, mas sempre atento a tudo aquilo que pode ser útil e benéfico para a escolha vocacional.

Ao mesmo tempo, é uma aspiração que se aproxima dos valores e das metas transcendentais, conectada com o sentido do mistério que envolve cada vocação, suscitando novas curiosidades e novos interesses no contexto relacional em que vive, lugar onde aprende um modo diferente de relacionar-se consigo e com o mundo. De fato, essa evolução psicofisiológica é geralmente acompanhada não somente de uma consciência mais realista de si mesmo e das necessidades, como também do desejo crescente de significados universais. O/A religioso/a consagrado/a ou o presbítero é colocado em diálogo com Aquele que o chamou e o ajuda a sair de si mesmo e a confiar-se nas mãos do Totalmente Outro.

O psicodiagnóstico e a história de vida na perspectiva vocacional

As características de personalidade são relativamente estáveis e inseridas no estilo de vida de cada um, manifestando-se em aspectos descritivos e relevantes quando se faz uma avaliação psicológica. Tais características são generalizáveis a todos aqueles que compartilham as mesmas vantagens e desvantagens, no que diz respeito à estrutura de personalidade, conforme enfatizamos no capítulo 4. Em termos do desenvolvimento psicológico, é cômodo, talvez arriscado, admitir que certas experiências e processos constituem um modelo de desenvolvimento da personalidade de ampla aplicabilidade. Os processos que "codificam" a personalidade, na perspectiva apresentada nas páginas deste livro, definem uma base compreensiva da variabilidade humana, porém deixam entrever as dimensões processuais do desenvolvimento existencial do sujeito.

De fato, é na vida e no relacionamento com os outros que o indivíduo manifesta os aspectos mais complexos da sua estrutura de personalidade, tornando acessível o seu estilo de adaptação e os seus valores mais profundos. A integração entre aspectos categoriais e o desenvolvimento evolutivo emerge com mais clareza quando se observa a direção em que os fatos da vida conduzem à ação e à integração com os outros. Isso é possível atingindo os aspectos narrativos da história de vida, que se desenvolve e se enriquece no aqui e no agora das ocasiões cotidianas (Scilligo, 2002). O modo de ser de um/a religioso/a consagrado/a ou de um presbítero, o seu empenho vocacional, os seus desejos e as suas frustrações se reúnem em torno de uma história (Poggio, 2004); da mesma forma, a esperança de responder da melhor maneira possível ao projeto vocacional.

No percurso do psicodiagnóstico, tem-se acesso à história de vida do/a religioso/a consagrado/a ou do presbítero, algumas vezes em situações bastante delicadas. O religioso, a religiosa ou o presbítero, que faz um percurso de autoconhecimento, aprende a individuar a sua identidade que o diferencia dos outros, entrando sempre mais em contato com os diversos aspectos de si mesmo, desvelando de tal modo o mistério da sua individualidade. À medida que reconhece como fez para se tornar aquilo que é, ele se predispõe às mudanças, visto que a consciência do seu ser vocacional inspira experiência criativa com o ambiente que o circunda, esforçando-se para dar respostas congruentes com o processo de mudança interpessoal.

O psicodiagnóstico na perspectiva vocacional, atento a esse desenvolvimento evolutivo, ajuda a potencializar a capacidade do/a religioso/a consagrado/a ou do presbítero de ser protagonista da sua própria história, envolvendo as suas riquezas e as suas competências na direção do sentido a ser redescoberto a cada dia. Somente assim a intervenção formativa se tornará parte de um programa preventivo mais amplo, que não estigmatiza as características de personalidade, mas que a conecte com o processo de crescimento evolutivo, sintonizado com as escolhas cotidianas, com o sentido vocacional da inteira existência.

A psicopatologia e o contexto relacional

É possível falar de psicopatologia na vida religiosa consagrada e presbiteral? É possível que aqueles que acolheram o convite de Deus para consagrar-se a um amor-perfeito se deixem levar por condições de grande fragilidade psicológica, a ponto de perder de vista os valores da vocação? Olhando para as diversas situações que a realidade nos apresenta, a minha experiência com o atendimento clínico, especificamente com a vida religiosa consagrada e presbiteral, tudo indica que sim.

Quando os/as religiosos/as consagrados/as e os presbíteros vivem em condições de instabilidade psicológica que não lhes permitem enfrentar, de modo adequado, as atividades cotidianas, podemos falar em uma dificuldade individual que poderá desembocar em uma psicopatologia. E, quando se trata de alguém com um histórico relacionado a problemas de natureza psicológica, é importante que se busque ajuda de um profissional da saúde mental. Conforme enfatizamos nos tópicos anteriores, desenvolver programas formativos preventivos nos parece a maneira mais adequada de intervir nos processos promotores de saúde mental no contexto da vida religiosa consagrada e presbiteral.

O objetivo da reflexão que desenvolvemos, ao longo deste livro, não é colocar em dúvida a gravidade de certas psicopatologias, nem pensar que o problema psicológico seja um fator irreparável do qual devemos evitar "falar sobre o assunto". Propomos olhar o/a vocacionado/a, o/a religioso/a consagrado/a ou o presbítero que vive um determinado sofrimento psicológico na perspectiva do crescimento e da mudança. Para que isso aconteça, não basta sublinhar os diversos fatores de incongruência ou de problemas psicológicos, tantas vezes em confronto com a vivência vocacional, mas definir tais dificuldades dentro de um quadro de referência propositivo. Com esse trabalho de integração, a vida quotidiana assume a tarefa de se tornar, para todos, uma autêntica escola de fraternidade, onde os/as religiosos/as consagrados/as e os presbíteros se exercitam no amor de uns para com os outros[18].

Cuidar uns dos outros, na comunidade religiosa ou na fraternidade presbiteral de uma diocese, significa envolver-se em um caminho de formação contínua – também para aqueles que vivem em dificuldade –, em um processo de aprendizado com relações que possam ser minimamente autênticas, que facilitem uma maior flexibilidade entre pessoas que partilham de uma mesma caminhada vocacional. Desse modo, aquele que sofre não é somente um confrade que devemos suportar, talvez um problema que devemos resolver, ou alguém que devemos manter perto de um psicólogo ou sob controle de remédios psiquiátricos, mas um "irmão ferido e necessitado de ajuda"[19], que está vivendo uma história de profundo sofrimento.

Devemos ser sinceros e considerar que isso não é fácil de desenvolver em nossos contextos relacionais. Toma muito tempo daqueles que estão em torno, porque a estranheza do confrade pode gerar um mal-estar que afeta todo o grupo. De fato, a experiência clínica me ensina que alguns problemas psicológicos individuais podem influenciar a dinâmica de um grupo. Imaginemos, por exemplo, o suicídio, a depressão, a falta de sentido na vida e na vocação, o burnout etc. São condições psicológicas que desencadeiam comportamentos que, objetivamente, perturbam a tranquilidade do viver em comunidade. Isso significa que as psicopatologias dos/as religiosos/as consagrados/as ou dos presbíteros considerados como "casos difíceis" podem se entrecruzar com as condições de inadequação ou de mal-estar em uma comunidade religiosa ou diocese.

---

18. Cf. Congregação para os Institutos de Vida Consagrada e as Sociedades de Vida Apostólica (1994).

19. Cf. Congregação para os Institutos de Vida Consagrada e as Sociedades de Vida Apostólica (1994), n. 37.

Em outras palavras, a condição psicológica de um vocacionado/a, um religioso/a consagrado/a ou de um presbítero poderá se entrecruzar, de modo complementar, com as dinâmicas interpessoais ou com as estruturas organizativas do ambiente sociorrelacional. Em situações problemáticas, poderá haver uma interação ativa entre os estímulos conflitantes de um grupo e as reações patológicas do indivíduo, criando um tipo de complementaridade funcional, amplificando a dinâmica disfuncional. Por isso, no final de tudo, os "normais" reforçam as suas crenças ("com essa pessoa não podemos fazer mais nada"), e o considerado "problemático" se convencerá de que "aqui todos têm problema comigo". Tudo isso contribui para aumentar o desgaste psicológico do/a vocacionado/a, do/a religioso/a consagrado/a ou do presbítero que apresenta um tipo particular de fragilidade psicológica, que repercute no ambiente relacional em que está inserido.

Peguemos o exemplo de um presbítero que sempre está disponível às diversas necessidades da sua diocese. Não tem nada de errado com isso! De um ponto de vista prático, a sua atitude é muito louvável, característica de um bom presbítero, se não fosse pelo fato de que, no final de cada "boa ação", surge um sentimento de frustração, que, às vezes, se manifesta de maneira mascarada no confronto com os outros irmãos de presbitério. Às vezes, surgem frases como: "essa diocese não valoriza os trabalhos feitos pelo clero"; "queria ouvir, pelo menos, um muito obrigado pelo meu esforço". Falando sobre o seu comportamento, esse presbítero diocesano sempre disposto a ajudar dizia: "às vezes, sinto-me sufocado com os contínuos pedidos de ajuda, principalmente quando os meus irmãos no presbitério querem que eu faça tudo do jeito deles". E ainda acrescentou: "mas, no fundo me sinto satisfeito em poder ajudar, isso eu faço sempre. Infelizmente, eles não são capazes de apreciar tudo isso, mas sei que eles jamais entenderão…"

A consciência extremamente sensível desse presbítero e a sua generosidade com os outros se conjugam mal com a rigidez e a dureza que tem consigo mesmo. Controla tudo no seu ambiente diocesano, assim como controla a si mesmo, sendo sempre consistente na avaliação do comportamento dos outros, fundamentado no cânone da aceitação, compreensão e justificação.

Com o passar do tempo, ficou claro que eram os outros que se sentiam sufocados pelo estilo obsessivo e perfeccionista do presbítero, com a constante tensão mascarada que, progressivamente, se transformava em conflitos interpessoais. O diálogo interpessoal se centralizava em atitudes subjacentes – mas não expressas – entre o grupo, que parece dizer "não te aguentamos mais!"; e o presbítero louvável que ajudava sempre, que parece responder "vocês são uns ingratos". Uma coisa interessante acontece nos encontros do clero, todos continuam a elogiar-se reciprocamente com frases de agradecimento, escondendo, porém, uma mensagem de sutil hostilidade que demonstra a necessidade de manter distância uns dos outros para evitar incompreensões e tensões. Recordemos: quando as posições são rígidas e bloqueadas em atitudes defensivas para proteger a própria autoestima, não é possível abrir-se a novos significados nas relações!

Acolher a dificuldade do irmão/ã de caminhada

Nos contextos da vida religiosa consagrada e presbiteral, já não é novidade que, de vez em quando, enfrentam-se dificuldades práticas sobre como agir diante das dificuldades psíquicas. De fato, as psicopatologias, conforme indicamos nos tópicos anteriores, incidem sobre a cotidianidade dos contextos religiosos, tais quais a comunidade, o presbitério, a comunidade cristã etc. Em síntese, podemos distinguir duas grandes categorias em que os distúrbios psíquicos incidem diretamente. Na primeira delas, os distúrbios incidem de maneira notável sobre a *capacidade de análise da realidade* por parte de uma pessoa, limitando a sua autonomia: são os distúrbios particularmente graves que minam a capacidade do sujeito de interagir com o contexto interpessoal e intrapsíquico. Nesses casos, é fundamental recorrer à ajuda de um profissional da saúde mental que conheça a complexidade que determinadas situações comportam.

Na segunda categoria, referimo-nos aos distúrbios de funcionamento que incidem na *capacidade de análise da realidade e na capacidade de autonomia da pessoa*, mas não de maneira grave. São os distúrbios do tipo neurótico, como a dificuldade de adaptação, que dependem da estrutura de personalidade do indivíduo ou da situação das relações interpessoais do contexto em que ele vive. Nesse último caso, trata-se dos distúrbios que levam a conflitos que provocam ansiedade, tensão, que repercutem no modo de relacionar-se com o mundo que o circunda. Quando, diante de condições difíceis, o/a religioso/a consagrado/a ou o presbítero não conseguem alcançar uma solução realista, tendem a usar mecanismos psicológicos que aliviam a tensão psíquica. A solução parece ser eficaz, porém, mantém um estado de angústia que interfere na normalidade da vida cotidiana, criando ulteriores problemas para si e para os outros.

Na vida religiosa consagrada e presbiteral, as dificuldades cotidianas vindas dos contextos relacionais problemáticos podem se tornar verdadeiras psicopatologias existenciais ou até mesmo as típicas nosologias descritas nos manuais de classificação psicopatológicos (Pinkus, 1991). Trata-se de pequenas fadigas relacionais, incompreensões, ciúmes, antipatias, que se refletem em comportamentos reativos e desajustados, com sentimento de perseguição ("todos estão contra mim"), de culpa generalizado ("eu sou a causa de tudo isso que está acontecendo"), de mutismo ("nesta comunidade não tem nada que funciona"), entre outros. São comportamentos que incidem diretamente na vida dos/as religiosos/as consagrados/as e dos presbíteros, podendo conduzir a um mal-estar psicológico, principalmente naqueles que já têm algum tipo de dificuldade ou alguma fragilidade psíquica.

Esse quadro complexo pode ser aumentado se, além da estrutura de personalidade dos/as religiosos/as consagrados/as ou dos presbíteros, encontramos problemas estruturais dentro dos grupos religiosos e das instituições. Por exemplo, quando vêm acentuadas as incompreensões entre as diversas etapas de formação, as transferências paroquiais por interesses nem sempre claros, a mudança contínua nas funções da comunidade etc. São todos elementos que, se acentuados, podem incidir sobre a personalidade do indivíduo e se tornar ocasião de mal-estar ulterior.

Se uma pessoa é habituada a uma certa atividade e improvisadamente é retirada do seu encargo, sem uma adequada explicação, ou talvez receber um diagnóstico de uma doença que limita o seu modo de viver com autonomia, a sua capacidade de adaptação se torna comprometida. Tal situação poderá desencadear comportamentos associados a um sentido de impotência, de sentimentos de raiva, desconforto, melancolia, depressão, que se refletirão no grupo que passa a se alimentar de tais disfunções. Se, além disso, a pessoa já apresenta dificuldades de integração da sua própria personalidade, tais fatores poderão se tornar altamente desagregadores para ela mesma, conduzindo-a a ter reações de tipo patológico.

Com tais indicações, que considerem o indivíduo e o grupo como responsáveis pelo mal-estar comunitário, podemos falar de psicopatologias na vida religiosa consagrada e presbiteral? Ao que tudo indica, sim! Mas não é esse o ponto. Não se trata de verificar somente por que a pessoa reage de um certo modo, ou quão estressantes são as relações comunitárias etc. Do ponto de vista propositivo, trata-se de redescobrir como em cada circunstância, mesmo diante de certos comportamentos "anormais", o/a religioso/a consagrado/a, o presbítero e o contexto relacional continuam a ser depositários de um persistente potencial transformador. Esse ponto de vista coloca no centro das relações a dinâmica que enfatiza as oportunidades, permitindo descobrir as interações contrastantes àquelas disfuncionais, que já são conhecidas e com que, talvez, os membros de uma comunidade religiosa ou de uma diocese já se habituaram a conviver.

Janela interativa 12
A prevenção à síndrome de burnout

Pesquisas recentes sobre a síndrome de burnout entre os/as religiosos/as consagrados/as e os presbíteros brasileiros nos indicaram que muitos deles estão exaustos emotivamente, com problemas nas relações interpessoais sem, porém, sentirem reduzida a realização com a vocação, pelo menos no nível descritivo (Sanagiotto; Pacciolla, 2022b). Tais conclusões se aplicam, inclusive, com leve variabilidade, às religiosas consagradas brasileiras (Sanagiotto; Camara; Pacciolla, 2022). Inclusive, as pesquisas indicam um perfil no qual o burnout é observado com maior intensidade e frequência: mais jovens (entre 31 e 40 anos de idade), com menor tempo de ordenação presbiteral ou votos perpétuos (quanto menor esse tempo, maior a probabilidade) e que trabalham muito (60 horas semanais ou mais).

Mas como prevenir a síndrome de burnout no âmbito eclesial? Até a publicação deste livro não encontramos uma pesquisa científica que tenha estudado tal temática. As pesquisas que temos até o momento nos indicam alguns fatores preventivos que, no amplo conceito apresentado aqui, se encaixam na *prevenção universal*, baseada nos pressupostos teóricos que orientam a formação religiosa e presbiteral. Enquanto pesquisas indicamos:

1) **Suporte social**: os dados nos indicaram que, quanto maior for o nível da satisfação com a vida em comunidade, maior será a possibilidade de lidar com o exaurimento emotivo e a despersonalização; além disso, possibilita aumento nos níveis de realização pessoal. A conclusão está de acordo com pesquisas anteriormente desenvolvidas, o que comprova a importância de comunidades que sirvam de suporte para lidar com os problemas que possam vir dos ambientes de trabalho nos quais os religiosos/as consagrados/as estão inseridos/as (Sanagiotto; Camara; Pacciolla, 2022);

2) **Inteligência emocional**: estudos indicaram que a inteligência emocional prediz significativamente a variabilidade nas escalas da síndrome de burnout. Isso significa que, na medida em que o/a religioso/a consagrado/a ou presbítero consegue administrar as próprias emoções, menores serão os índices de síndrome de burnout. Mais especificamente, na medida em que aumenta a inteligência emocional, a exaustão emocional e a despersonalização diminuem. Além disso, o aumento da inteligência emotiva corresponde ao aumento da realização pessoal (Sanagiotto, 2022b);

3) **Formação continuada**: partimos do pressuposto de que a formação é continuada e pressupõe a disponibilidade individual de formar-se em um processo de crescimento, que tem como ponto de partida o cotidiano. Em se tratando dos dados sociodemográficos, a formação continuada possibilita ao religioso/a consagrado/a ou presbítero entender os principais desafios vindos da práxis pastoral. Visto que, conforme nos indicam as pesquisas, com o passar do tempo, a tendência é diminuir a possibilidade de entrar na dinâmica do burnout.

Janela interativa

O problema psicológico e a possibilidade de crescimento humano e vocacional

Indicamos, no parágrafo anterior, que o mal-estar psicológico se estrutura como um processo em que as condições psicológicas dos/as religiosos/as consagrados/as e dos presbíteros trazem sofrimento psicológico. No processo do psicodiagnóstico, o fato de examinar tais condições psicológicas não significa, necessariamente, que todas as possibilidades de crescimento do indivíduo foram abarcadas.

Não basta sentir-se seguro com uma "etiqueta" que nomeia o mal-estar psicológico, para enfrentar o problema de modo eficaz. É preciso ir além e empenhar-se em aproximar a pessoa que sofre do seu contexto relacional, de maneira característica, daqueles que estão envolvidos em uma particular dinâmica relacional. "O paradoxo – dizia um presbítero responsável por um setor da evangelização da diocese – é que somos muito mais propensos a salvar aqueles que estão longe, do que nos colocar em um espírito de evangelização com aqueles que pertencem ao mesmo presbitério". Se existe entre os membros do clero ou da fraternidade religiosa um mal-estar relacional, a dificuldade se amplifica. Sabemos muito bem, por experiência, que aquele que passa por algum tipo de problema psicológico tende a desestabilizar a compreensão de "normalidade" presente no interior de um determinado contexto relacional.

A exigência de olhar os fenômenos psíquicos em uma perspectiva propositiva dará aos consagrados e aos presbíteros – também àqueles que passam por momentos de dificuldade – a dignidade da sua condição humana. Tal visão não reduz o indivíduo a andar em círculo em torno das suas "feridas relacionais" e das suas psicopatologias, mas o abre a um projeto de vida que o transcende e dá significado a todos os eventos da história individual e interpessoal. O sentido de tal abordagem considera os eventos positivos, que conduzem à satisfação, mas também, aqueles tristes, que o desorientam, como no caso de uma psicopatologia.

Consideramos como certo que a compreensão de um estado de mal-estar psicológico na vida religiosa consagrada e presbiteral passa por um maior envolvimento da parte dos/as vocacionados/as, dos/as religiosos/as consagrados/as ou dos presbíteros que interagem com aquele que passa por qualquer tipo de dificuldade psicológica. Em síntese, fazemos referência à comunidade religiosa ou à fraternidade presbiteral. De certo modo, o outro é um recurso, mas não poderíamos deixar de salientar que poderão surgir as fragilidades e os limites presentes em determinado contexto comunitário.

A compreensão de tal abordagem do cuidado com o outro, processual em seu âmago, leva a uma interação diferente entre os protagonistas envolvidos com os problemas psicológicos e o mal-estar que vem dessa interação. De fato, tais dinâmicas colocam em jogo um pouco de todos, mas permitem explorar novos âmbitos operativos, reforçando as perspectivas que estimulam as pessoas a deixarem os seus lugares de conforto. A redescoberta das razões motivadoras, o envolver-se em um contexto, permite aos/as religiosos/as consagrados/as e aos presbíteros reconciliarem a história existencial e vocacional com o seu modo de viver. Olhando um pouco além, permite às comunidades religiosas e às dioceses avaliarem os processos de maturidade dos seus membros que abrangem as situações de sofrimento que estão presentes nos diversos contextos relacionais.

O documento *A vida fraterna em comunidade* se refere a essa perspectiva evolutiva do mal-estar psicológico, quando define a dificuldade psíquica como "ocasião particular para o crescimento humano"[20]. Isso significa aproximar-se da situação e das pessoas, não somente para classificar "carências" e "excessos", mas para entender o processo de maturidade que permite redescobrir a totalidade de cada religioso/a consagrado/a ou presbítero, inserido em um caminho de crescimento e busca de significado que caracteriza cada

---

20. Cf. Congregação para os Institutos de Vida Consagrada e as Sociedades de Vida Apostólica (1994), n. 38.

vocação humana. Podemos dizer que manter essa visão totalizante e construtiva da pessoa requer estabelecer uma contínua busca de significados nos eventos relacionais. Dessa forma, a história de vida se constituirá através dos fatos narrados em seus eventos, de forma estável e progressiva.

E se nos encontramos diante de um mal-estar psicológico? Mesmo nesses casos as relações se tornam espaços teologais, lugares privilegiados para compreender significados novos. Tal dinâmica favorece a integração com sentido profundo, que permite olhar diferente não somente o mal-estar singular, mas a plenitude da vida do confrade ou do presbítero chamado a uma vocação específica.

O mal-estar psicológico como "oportunidade" de sentido

Tudo aquilo que dissemos até agora nos conduz a um modo diferente de conceber a saúde mental no contexto da vida religiosa consagrada e presbiteral: a olhar para o mal-estar psicológico na perspectiva daquilo que tem valor para a pessoa, levá-la a descobrir a capacidade de crescimento humano e vocacional que cada um traz consigo. No contexto da vida religiosa consagrada e presbiteral, tal perspectiva de crescimento é fundamental para a história vocacional de cada um, no seu modo de ser em comunidade, no modo de viver na concretude o carisma pessoal.

Em tal perspectiva, a saúde mental do/a religioso/a consagrado/a ou do presbítero não será somente o resultado vindo de uma avaliação psicológica, mas se abrirá a novas possibilidades. O mal-estar psicológico, entendido dessa maneira, torna-se uma oportunidade para progredir na direção de um projeto inscrito na história concreta de cada um. Na forma como desenvolvemos a nossa argumentação, será também uma oportunidade de crescimento para a congregação religiosa ou a diocese. Isso conduzirá a não privilegiar os "saudáveis" ao invés dos "problemáticos", mas facilitará uma compreensão em torno de um ponto comum, dos significados e dos objetivos compartilhados, em que aquele que sofre se descobre com uma tarefa para realizar, com a sua bagagem de vida, mesmo que esteja vivendo um determinado mal-estar psicológico.

O projeto de vida e da vocação se desenvolve como um ato de autoconsciência e de autorresponsabilidade. É nesse caminho que o ser humano constrói significados, na medida em que torna consciente o fato de ser responsável pela história que constrói. O processo formativo permanente precisará reconhecer o radical benefício da responsabilidade. Quando o/a consagrado/a ou o presbítero se envolve em primeira pessoa na tarefa de tomar decisões importantes, certamente construirá novos horizontes para a vida e para a consagração.

A formação permanente em tempos difíceis

Quando um/a religioso/a consagrado/a ou um presbítero se encontra em condições psicológicas particularmente difíceis, torna-se importante um contexto relacional que o ajude na redescoberta do caminho de crescimento humano e vocacional. A consolidação de um contexto relacional mais maduro é colocada à prova justamente quando é mais difícil, porque "quando a fidelidade se torna mais difícil, é preciso oferecer à pessoa o apoio de uma maior confiança e de um amor mais intenso, no âmbito pessoal e comunitário" (João Paulo II, 1996, n. 70).

O/A religioso/a consagrado/a ou o presbítero, quando encontra a ajuda daqueles que estão no mesmo percurso vocacional, redescobre a serenidade do caminho comum. É um contentamento que surge, não porque não tem um problema, mas porque, na dificuldade, foi encontrada a motivação mais profunda que provoca a unidade. O afrontamento das situações problemáticas numa perspectiva do encontro transformador cria uma consciência comum de que somente no cuidado de uns para com os outros podemos suportar as fragilidades humanas. Desse modo, a presença do confrade ou do presbítero que sofrem com suas dificuldades psicológicas será uma ocasião concreta para aprender a amar segundo a lógica do evangelho, para redescobrir juntos "o sentido da aliança que Deus tomou a iniciativa de estabelecer e não a entende desdizer" (João Paulo II, 1996, n. 70) com cada irmão de consagração ou de presbitério que vive ao nosso lado.

Talvez as chaves propostas para a leitura da realidade vivida por muitos/as religiosos/as consagrados/as e presbíteros nos levem a considerar uma utopia viver de tal modo. Porém, tudo isso deve ser feito seguindo um projeto formativo permanente, que considere toda a existência daquele que sofre a causa de um mal-estar psicológico. Como estamos abordando a temática em um contexto específico da vida religiosa consagrada e presbiteral, tal projeto precisa considerar o contexto relacional como ferramenta terapêutica na sustentação do equilíbrio psicológico.

Referências

ALBORNOZ, Ana Celina Garcia. Devolução das informações do psicodiagnóstico. *In*: HUTZ, Claudio Simon *et al.* (org.). *Psicodiagnóstico*. Porto Alegre: Artmed, 2016. p. 160-171.

ALLMAN, Lorraine *et al*. Psychotherapists' attitudes toward clients reporting mystical experiences. *Psychotherapy Theory, Research, Practice, Training*, [s. l.], v. 29, n. 4, p. 564-569, 1992.

ALMEIDA, Alexander Moreira de; LOTUFO NETO, Francisco. Diretrizes metodológicas para investigar estados alterados de consciência e experiências anômalas. *Archives of Clinical Psychiatry*, [s. l.], v. 30, n. 1, p. 21-28, 2003.

ANASTASI, Anne. Heredity, environment, and the question "how?" *Psychological Review*, [s. l.], v. 65, n. 4, p. 197-208, 1958.

APA – AMERICAN PSYCHIATRIC ASSOCIATION. *Diagnostic and statistical manual of mental disorders*: DSM-IV. Washington, DC: American Psychiatric Association, 1995.

APA – AMERICAN PSYCHIATRIC ASSOCIATION. *Manual Diagnóstico e Estatístico de Transtornos Mentais*: DSM-5-TR. 5. ed. Porto Alegre: Artmed, 2023.

APA – AMERICAN PSYCHIATRIC ASSOCIATION. *Manual Diagnóstico e Estatístico de Transtornos Mentais*: DSM-5. Porto Alegre: Artmed, 2014.

ATKINSON, Robert. *L'intervista narrativa*: raccontare la storia di sì nella ricerca formativa, organizzativa e sociale. Milão: Raffaello Cortina, 2012.

BALESTRI, Luisa; OREFICE, Sabba; PANDOLFI, Anna. Il processo diagnostico. *In*: DEL CORNO, Franco; LANG, Margherita (org.). *La relazione con il paziente*. Milão: FrancoAngeli, 1996. p. 72-98.

BANDEIRA, Denise Ruschel; TRENTINI, Clarissa Marceli; KRUG, Jefferson Silva. Psicodiagnóstico: formação, cuidados éticos, avaliação de demanda e estabelecimento de objetivos. *In*: HUTZ, Claudio Simon *et al.* (org.). *Psicodiagnóstico*. Porto Alegre: Artmed, 2016. p. 21-26.

BATSIS, Thomas. Roman Catholic vocation directors' attitudes regarding psychological assessment of seminary and religious order applicants. *Consulting Psychology Journal: Practice and Research*, [s. l.], v. 45, n. 3, p. 25-30, 1993.

BECCIU, Mario; COLASANTI, Anna Rita. *Prevenzione alla salute mentale*. Milão: FrancoAngeli, 2016.

BEIRNAERT, Louis. Immaturité affective et problèmes de vocation. *Le Supplément*, [s. l.], v. 11, n. 46, p. 323-327, 1958.

BENEDICTI XV. *Codex Iuris Canonici*. Roma: Typis Polyglottis Vaticanis, 1917.

BENKÖ, Antoine. Examen de la motivation. *Le Supplément*, [s. l.], v. 8, n. 29, p. 152-159, 1954.

BENKÖ, Antoine; NUTTIN, Joseph. *Examen de la personnalité chez les candidats à la prêtrise*: adaptation du test de personnalité M.M.P.I. Paris: Louvain, 1956.

BIER, William. A comparative study of a seminary group and four other groups on the Minnesota Multiphasic Personality Inventory. *Studies in Psychology & Psychiatry from the Catholic University of America*, [s. l.], v. 7, p. 107, 1948.

BIER, William. L'examen psychologique. *Le Supplément*, [s. l.], v. 8, n. 29, p. 118-151, 1954.

BIER, William. *Psychological testing for ministerial selection*. Oxford: Fordham Press, 1970. (Psychological testing for ministerial selection).

BLAZER, Dan. Spirituality and depression. *In*: PETEET, John; LU, Francis; NARROW, William. *Religious and spiritual issues in psychiatric diagnosis*: a research agenda for DSM-V. Arlington: American Psychiatric, 2011.

BLOOM, Bernard. *Community mental health*: a general introduction. Monterey: Brooks/Cole, 1984.

BLOOM, Martin. Definitions of primary prevention. *In*: GULLOTTA, Thomas; BLOOM, Martin (org.). *Encyclopedia of Primary Prevention and Health Promotion*. Boston: Springer, 2014. p. 3-12.

BONCORI, Giuseppe. *La ricerca pedagogica*: metodo antologia esercizi. Roma: Nuova Cultura, 2013.

BOWER, Eli. Slicing the mystique of prevention with Occam's Razor. *American Journal of Public Health and the Nation's Health*, [s. l.], v. 59, n. 3, p. 478-484, 1969.

BRUNER, Jerome. The narrative creation of self. *In*: ANGUS, Lynne; McLeod, John. *The handbook of narrative and psychotherapy*: Practice, theory, and research. Thousand Oaks: Sage, 2004. p. 3-14.

BUSNELLI, Claude. L'apport de la psychologie expérimentale. *In*: *Le discernement des vocations de religieuses*. Paris: Cerf, 1955. p. 125-132.

CAMBUY, Karine; AMATUZZI, Mauro Martins; ANTUNES, Thais Assis. Psicologia clínica e experiência religiosa. *Revista de Estudos da Religião*, São Paulo, n. 3, p. 77-93, 2006.

CATALANO, Ralph; DOOLEY, David, Health effects of economic instability: a test of economic stress hypothesis, Journal of Health and Social Behavior, v. 24, n. 1, p. 46–60, 1983.

CAPLAN, Gerald. *Principles of preventive psychiatry*. Nova York: Basic Books, 1964.

CARDEÑA, Etzel; LYNN, Steven; KRIPPNER, Stanley. *Varieties of anomalous experience examining the scientific evidence*. Washington, DC: American Psychological Association, 2014.

CARELLI, Rocco; FIZZOTTI, Eugenio; FRANKL, Viktor. *Logoterapia applicata*: da una vita senza senso a un senso nella vita. Brezzo di Bedero: Salcom, 1990.

CFP – CONSELHO FEDERAL DE PSICOLOGIA. *Cartilha de avaliação psicológica*. Brasília, DF: CFP, 2013.

CFP – CONSELHO FEDERAL DE PSICOLOGIA. *Código de Ética Profissional do Psicólogo*. Brasília, DF: CFP, 2014.

CFP – CONSELHO FEDERAL DE PSICOLOGIA. *Código de Ética Profissional do Psicólogo*. Resolução 05/2012. Brasília, DF: CFP, 2012.

CFP – CONSELHO FEDERAL DE PSICOLOGIA. *Código de Ética Profissional do Psicólogo*. Resolução 10/2010. Brasília, DF: CFP, 2010.

CFP – CONSELHO FEDERAL DE PSICOLOGIA. *Diretrizes para a realização de Avaliação Psicológica no exercício profissional da psicóloga e do psicólogo*. Brasília, DF: CFP, 2018a. Disponível em: https://satepsi.cfp.org.br/docs/ResolucaoCFP009-18.pdf. Acesso em: 26 out. 2024.

CFP – CONSELHO FEDERAL DE PSICOLOGIA. *Edital de chamada pública no 02/2018*. Brasília, DF: CFP, 2018b.

CFP – CONSELHO FEDERAL DE PSICOLOGIA. *Resolução 002/2003*. Brasília, DF: CFP, 2003.

CFP – CONSELHO FEDERAL DE PSICOLOGIA. *Resolução CFP nº 06/2019*. Brasília, DF: CFP, 2019.

CFP – CONSELHO FEDERAL DE PSICOLOGIA. *Resolução número 31*. Brasília, DF: CFP, 2022.

CHIORRI, Carlo. *Teoria e tecnica psicometrica*. Costruire un test psicologico. Milão: McGraw, 2011.

CIAN, Luciano. Discernimento vocazionale e apporto delle scienze umane. *In: Direzione spirituale e orientamento vocazionale*. Milão: Edizioni Paoline, 1992.

COLLINS, Alice. *Natural helping networks*: a strategy for prevention. Washington, DC: National Association of Social Workers, 1976.

CONCÍLIO ECUMÊNICO VATICANO II. Decreto Optatam Totius. *In: Documentos do Concílio Vaticano II*: constituições, decretos, declarações. Petrópolis: Vozes, 1966.

CONGREGAÇÃO PARA A EDUCAÇÃO CATÓLICA. Orientações para a utilização das competências psicológicas na admissão e na formação dos candidatos ao sacerdócio. *SEDOC*, [s. l.], v. 41, n. 332, p. 356-370, 2008.

CONGREGAÇÃO PARA O CLERO. *O dom da vocação presbiteral*. São Paulo: Paulinas, 2016.

CONGREGAÇÃO PARA OS INSTITUTOS DE VIDA CONSAGRADA E AS SOCIEDADES DE VIDA APOSTÓLICA. *A Vida Fraterna em Comunidade*: congregavit nos in unum Christi amor. São Paulo: Loyola, 1994.

CONGREGATIONES GENERALES CXXIII-CXXVII. Animadversiones Scripto Exhibitae quod schema propositum De Institutione Sacerdotali. *In*: *Acta synodalia sacrosanti Concilii oecumenici Vaticani II*. Vaticano: Typis Polyglottis Vaticanis, 1964. v. III, p. 239-359. pars VIIIv.

COSSA, Paul. Fausses vocations et vocations troublées. *Revue de droit canonique*, [s. l.], v. 1, p. 63-68, 1951.

COSTELLO, Timothy. Psychological evaluation of vocations: human rights and responsibilities evoke ethical conflicts. *Human Development*, [s. l.], v. 6, n. 4, p. 37-42, 1985.

CUNHA, Jurema. *Psicodiagnóstico V*. Porto Alegre: Artmed, 2007.

COWEN, Emory L. The wooing of primary prevention. *American Journal of Community Psychology*, [s. l.], v. 8, n. 3, p. 258-284, 1980.

CREA, Giuseppe. I disagi psicologici. Come riconoscerli e come prevenirli. *In*: *Vita Consacrata e psicologia*. Milão: Ancora, 2013. p. 143-161.

CREA, Giuseppe; SANAGIOTTO, Vagner. *Aspectos psicológicos do discernimento vocacional*: itinerário formativo para o discernimento das vocações. São Paulo: Paulinas, 2022.

CRUMBAUGH, James; MAHOLICK, Leonard. An experimental study in existentialism: The psychometric approach to Frankl's concept of noogenic neurosis. *Journal of Clinical Psychology*, [s. l.], v. 20, n. 2, p. 200-207, 1964.

CRUZ, Roberto; ALCHIERI, João; SARDÁ JR., Jamir. *Avaliação e medidas psicológicas*: produção do conhecimento e da intervenção profissional. Belo Horizonte: Casa do Psicólogo, 2002.

CYRULNIK, Boris. *Les vilains petits canards*. Paris: Odile Jacob, 2001.

DAZZI, Nino; LINGIARDI, Vittorio; GAZZILLO, Francesco. *La diagnosi in psicologia clinica*: personalità e psicopatologia. Milão: Raffaello Cortina, 2009.

DECI, Edward; RYAN, Richard. The "What" and "Why" of goal pursuits: human needs and the self-determination of behavior. *Psychological Inquiry*, [s. l.], v. 11, n. 4, p. 227-268, 2000.

DEL CORE, Giuseppina. Psicologia e vocazione. Quale rapporto? Possibilità e limiti dell'intervento. *In*: CANTELMI, Tonino; LUPARIA, Marco Ermes; PALUZZI, Silvestro (org.). *Gli dei morti son diventati malattie*. Psichiatria, psicologia e teologia in dialogo. Roma: Sodec, 2002. p. 1-16.

DEL CORNO, Franco; LANG, Margherita. *La relazione con il paziente*: incontro con il paziente, colloquio clinico, restituzione. Milão: FrancoAngeli, 2002.

DESMAZIÈRES, Agnès. *L'inconscient au paradis*: comment les catholiques ont reçu la psychanalyse (1920-1965). Paris: Payot, 2011.

DEVIS, M. Y a-t-il une méthode de discernement des vocations sacerdotales? *Le Supplément*, [s. l.], v. 12, n. 49, p. 127-153, 1959.

DIGNA, Mary. A tentative testing program for religious life. *Review for Religious*, [s. l.], v. 10, n. 2, p. 77-81, 1952.

DR. PARROT; ROMAIN, R. P. Maturité affective et vocation sacerdotale. *Le Supplément*, [s. l.], v. 11, n. 46, p. 307-322, 1958.

DUBIN-VAUGHN, Sarah. Review of spiritual emergency: when personal transformation becomes a crisis. *The Humanistic Psychologist*, [s. l.], v. 19, n. 1, p. 114-115, 1991.

D'URSO, Giacinto. Reclutamento e scelta delle vocazioni. Nuovi suggerimenti ed esperienze americane. *Rivista di ascetica e mistica*, [s. l.], v. II, n. I, p. 22-27, 1957.

ENGLISH, Fanita. Whither scripts? *Transactional Analysis Journal*, [s. l.], v. 18, n. 4, p. 294-303, 1988.

FELICI, Pericle. La psicoanalisi. *Bollettino del Clero romano*, Roma, XXXIII, fasc. 4. p. 112-114, 1952.

FELNER, Robert; GINTER, Melanie; PRIMAVERA, Judith. Primary prevention during school transitions: social support and environmental structure. *American Journal of Community Psychology*, [s. l.], v. 10, p. 277-290, 1982.

FRANKL, Viktor. *Logoterapia e análise existencial*. Rio de Janeiro: Forense Universitária, 2014.

FRANTA, Herbert. *Psicologia della personalità*: individualità e formazione integrale. Roma: LAS, 1982.

FREZZATO, Anderson; PINTO, Ênio Brito. O psicólogo como colaborador da formação presbiteral católica: diálogos e silêncios. *In*: CRP-SP – CONSELHO REGIONAL DE PSICOLOGIA DE SÃO PAULO (org.). *Na fronteira da Psicologia com os saberes tradicionais*: práticas e técnicas. São Paulo: CRP-SP, 2016. v. 2, p. 101-109. (Psicologia, laicidade e as relações com a religião e a espiritualidade).

GEMELLI, Agostino. La psicologia al servizio del discernimento delle vocazioni e della direzione spirituale dei seminaristi. *Rivista di ascetica e mistica*, [s. l.], v. 1 e 2, p. 1-27, 1957.

GEMELLI, Agostino. Relationes inter institutionem et formationem alumni eiusque physicam et psychicam evolutionem. *In*: *Acta et documenta Congressus Generalis de Statibus Perfectionis – Romae 1950*. Roma: Paoline, 1952. v. 2, p. 719-737.

GIORDANI, Bruno. L'apporto della psicologia nella formazione vocazionale. *Vita Consacrata*, [s. l.], v. 3, n. XXXIV, p. 312-326, 1998.

GIOVINI, Matteo et al. Scopi esistenziali e psicopatologia. *Cognitivismo Clinico*, [s. l.], v. 8, n. 2, p. 116-135, 2011.

GODIN, André. Psychologie de la vocation: un bilan. *Le Supplément*, [s. l.], v. 113, p. 151-236, 1975.

GOYA, Benito. *Psicologia e vida consagrada*. São Paulo: Paulus, 1999.

GRATTON, Henri. Quelques expériences d'investigation psychologique et de psychothérapie auprès des candidats au sacerdoce. *Le Supplément*, [s. l.], v. 10, n. 42, p. 354-364, 1957.

HACKNEY, Charles. Religion and mental health: what do you mean when you say 'religion'? What do you mean when you say 'mental health'? *In*: *Religion and psychiatry*: beyond boundaries. Oxford: New York, 2010, p. 343-360.

HANKLE, Dominick D. The psychological processes of discerning the vocation to the catholic priesthood: a qualitative study. *Pastoral Psychology*, [s. l.], v. 59, n. 2, p. 201-219, 2010.

HELLER, Kenneth et al. *Psychology and community change*: challenges of the future. Pacific Grove: Wadsworth Publishing, 1989.

HODGSON, Ray; ABBASI, Tina; CLARKSON, Johanna. Effective mental health promotion: a literature review. *Health Education Journal*, [s. l.], v. 55, n. 1, p. 55-74, 1996.

HOESING, Paul; HOGAN, Ed. You can't measure that…Can you? How a Catholic seminary approaches the question of measuring growth in human and spiritual formation. *Journal of Spiritual Formation and Soul Care*, Thousand Oaks, v. 14, n. 2, p. 254-275, 2021.

HYMAN, Steven. Mental illness: genetically complex disorders of neural circuitry and neural communication. *Neuron*, [s. l.], v. 28, n. 2, p. 321-323, 2000.

JOÃO PAULO II. *Código de Direito Canônico*. São Paulo: Loyola, 1983.

JOÃO PAULO II. *Exortação apostólica pós-sinodal Vita Consecrata*. São Paulo: Paulinas, 1996.

JONNA, Lannert. Resistance and countertransference issues with spiritual and religious clients. *Journal of Humanistic Psychology*, [s. l.], v. 31, n. 4, p. 68-76, 1991.

KAHNEMAN, Daniel; TVERSKY, Amos. Subjective probability: a judgment of representativeness. *Cognitive Psychology*, [s. l.], v. 3, n. 3, p. 430-454, 1972.

KASHIO, Matsuko. Time perspective and motivation in interpersonal contexts. *Japanese Psychological Research*, [s. l.], v. 54, p. 297-309, 2012.

KEDDY, Philip; ERDBERG, Philip; SAMMON, Sean. The psychological assessment of Catholic clergy and religious referred for residential treatment. *Pastoral Psychology*, [s. l.], v. 38, n. 3, p. 147-159, 1990.

KNOX, Sarah *et al*. Depression and contributors to vocational satisfaction in Roman Catholic secular clergy. *Pastoral Psychology*, [s. l.], v. 54, n. 2, p. 139-155, 2005.

KOENIG, Harold. Research on religion, spirituality, and mental health: a review. *Canadian Journal of Psychiatry*, [s. l.], v. 54, n. 5, p. 283-291, 2009.

KRUG, Jefferson Silva; TRENTINI, Clarissa Marceli; BANDEIRA, Denise Ruschel. Conceituação de psicodiagnóstico na atualidade. *In*: HUTZ, Claudio Simon *et al*. (org.). *Psicodiagnóstico*. Porto Alegre: Artmed, 2016. p. 16-20.

LABOR, Marcello. Qualità fisiche e psichiche dei candidati al sacerdozio. *In*: *L'esortazione "Menti Nostrae" e i seminari*: relazioni tenute nel III Convegno dei superiori e professori dei seminari regionali e maggiori d'Italia. Tipografia Poliglotta Vaticana. Vaticano: 1952. p. 77-86.

LARSON, David B. *et al*. Religious content in the DSMIII-R glossary of technical terms. *American Journal of Psychiatry*, [s. l.], v. 150, p. 1884-1885, 1993.

LEMOINE, Laurent. Le dialogue foi chrétienne/psychanalyse dans le discernement et l'accompagnement des vocations entre 1950 et 1975. *Le Supplément*, [s. l.], v. 222, p. 69-101, 2002.

LHERMITTE, Jean. Direction spirituelle et psychopathologie. *In*: *Direction spirituelle et psychologie*. Bruges: Desclée de Brouwer, 1951. p. 267-279.

LHERMITTE, Jean; DELAY, Jean; PARCHEMINEY, George. Note sur la psychanalyse. Archives de la Province de Paris des Carmes déchaux. Archives du Père Bruno de Jésus-Marie "La Belle Acarie", [*s. l.*], 1943. p. 3.

LINS, Manuela Ramos Caldas; BORSA, Juliane Callegaro (org.). *Avaliação psicológica*: aspectos teóricos e práticos. Petrópolis: Vozes, 2017.

LOFQUIST, William. *Discovering the meaning of prevention*: a practical approach to positive change. Tucson: Ayd, 1983.

LU, Francis. Religious and spiritual issues in psychiatric education and training. *In*: BOEHNLEIN, James K. *Psychiatry and religion*: the convergence of mind and spirit. Washington, DC: American Psychiatric Press, 2000. p. 159-168.

LUKOFF, David *et al.* Religious and spiritual considerations in psychiatric diagnosis: considerations for the DSM-V. *In*: LÓPEZ IBOR, Juan José. *Religion and psychiatry*. Beyond boundaries. Nova York: John Wiley & Sons, 2010. p. 423-444.

LUKOFF, David; LU, Francis; TURNER, Robert. From spiritual emergency to spiritual problem: the transpersonal roots of the new DSM-IV category. *Journal of Humanistic Psychology*, [*s. l.*], v. 38, n. 2, p. 21-50, 1998.

LUKOFF, David; LU, Francis; YANG, William. DSM-IV religious and spiritual problems. *In*: PETEET, John; LU, Francis; NARROW, William. *Religious and spiritual issues in psychiatric diagnosis*: a research agenda for DSM-V. Arlington: American Psychiatric, 2011. p. 182-185.

MAFFEI, Cesare. *Borderline*. Struttura, categoria, dimensione. Milão: Cortina Raffaello, 2008.

MALONY, Newton; MAJOVSKI, Laura Fogwell. The role of psychological assessment in predicting ministerial effectiveness. *Review of Religious Research*, [*s. l.*], v. 28, n. 1, p. 29-39, 1986.

MARCHAND, F. Étude psychologique des motivations d'une vocation. *Le Supplément*, [s. l.], v. 18, n. 72, p. 77-100, 1965.

MCCARTHY, Thomas. Évaluation scientifique des aptitudes psychologiques à la vocation religieuse. *Le Supplément*, [s. l.], v. 11, n. 45, p. 188-196, 1958.

MCGLONE, Gerard; ORTIZ, Fernando; KARNEY, Ronald. A survey study of psychological assessment practices in the screening and admission process of candidates to the priesthood in the U.S. Catholic church. *Professional Psychology: Research and Practice*, [s. l.], v. 41, n. 6, p. 526-532, 2010.

MENEZES, Adair; ALMINHANA, Letícia; MOREIRA-ALMEIDA, Alexandre. Perfil sociodemográfico e de experiências anômalas em indivíduos com vivências psicóticas e dissociativas em grupos religiosos. *Revista Psiquiatria Clínica*, [s. l.], v. 39, n. 6, p. 203-207, 2012.

MOORE, Thomas. Insanity in Priests and Religious. Part. I: the rate of insanity in priests and religious. *The American Ecclesiastical Review*, [s. l.], v. 95, p. 485-498, 1936a.

MOORE, Thomas. Insanity in Priests and Religious. Part. II: the detection of pre psychotics who apply for admission to the priesthood or religious communities. *The American Ecclesiastical Review*, [s. l.], v. 95, p. 601-613, 1936b.

MRAZEK, Patricia; HAGGERTY, Robert (org.). *Reducing risks for mental disorders*: frontiers for preventive intervention research. Washington, DC: National Academies Press, 1994.

MURRAY-SWANK, Nichole; PARGAMENT, Kenneth. God, where are you?: Evaluating a spiritually-integrated intervention for sexual abuse. *Mental Health, Religion & Culture*, [s. l.], v. 8, n. 3, p. 191-203, 2005.

NODET, Charles. Considérations psychanalytiques à propos des attraits névrotiques pour la vocation religieuse. *Le Supplément*, [s. l.], v. 14, n. 3, p. 279-306, 1950.

NUNES, Carlos Henrique Sancineto da Silva; ZANON, Cristian; HUTZ, Claudio Simon. Avaliação da personalidade a partir de teorias fatoriais de personalidade. *In*: HUTZ, Claudio Simon; BANDEIRA, Denise Ruschel; TRENTINI, Clarissa Marceli (org.). *Avaliação psicológica da inteligência e da personalidade*. Porto Alegre: Artmed, 2018.

O'CONNOR, David. Appraising candidates for religious life or priesthood. *Human Development*, [*s. l.*], v. 9, n. 3, p. 26-30, 1988.

ORFORD, Jim. *Psicologia di comunità*. Aspetti teorici e professionali. Milão: Franco Angeli, 2003.

PACCIOLLA, Aureliano. *Temi esistenziali nel DSM-5*. Roma: Lazarus, 2014.

PARGAMENT, Kenneth; MAHONEY, Annette; SHAFRANSKE, Edward. *APA handbook of psychology, religion, and spirituality*. Washington, DC: American Psychological Association, 2014.

PARGAMENT, Kenneth; MURRAY-SWANK, Nichole A.; TARAKESHWAR, Nalini. An empirically-based rationale for a spirituality-integrated psychotherapy. Mental Health, Religion & Culture, [*s. l.*], v. 8, n. 3, p. 155-165, 2005.

PESSOA, Fernando. *Poemas completos de Alberto Caeiro*. 2. ed. São Paulo: Ática, 2019.

PETEET, John; LU, Francis; NARROW, William. *Religious and spiritual issues in psychiatric diagnosis*: a research agenda for DSM-V. Arlington: American Psychiatric, 2011.

PINKUS, Lucio Maria. *Autorealizzazione e disadattamento nella vita religiosa*. Roma: Borla, 1991.

PIO XI. *L'educazione cristiana*: lettera enciclica "Divini Illius Magistri". Brescia: La Scuola, 1959.

PIO XII. Discorso di Sua Santità Pio XII ai partecipanti al XII Congresso Internazionale di psicologia applicata. *In*: *Discorsi e radiomessaggi di Sua Santità Pio XII*. Vaticano: Tipografia Poliglotta Vaticana, 1958. v. XX, p. 65-82.

PIO XII. Discours du Pape Pie XII aux participants au Congrès International de Psychothérapie et de Psychologie Clinique. *In*: *Discours et Messages--radio de S.S. Pie XII*. Vaticano: Tipografia Poliglotta Vaticana, 1954. v. XV, p. 67-76.

PIO XII. Menti Nostrae: esortazione al clero del mondo cattolico. *In*: *Discorsi e radiomessaggi di Sua Santità Pio XII*. Vaticano: Tipografia Poliglotta Vaticana, 1950. v. XII, p. 529-567.

PIO XII. Sedes Sapientiae. *In*: *Acta Apostolicae Sedis*. Vaticano: Typis Polyglottis Vaticanis, 1956. v. XLVIII, p. 354-365. (II, 7).

PLANTE, Thomas; BOCCACCINI, Marcus. A proposed psychological assessment protocol for applicants to religious life in the Roman Catholic Church. *Pastoral Psychology*, [s. l.], v. 46, n. 5, p. 363-372, 1998.

PLÉ, Albert. A propos du discernement des vocations. *Le Supplément*, [s. l.], v. 8, n. 29, p. 115-117, 1954.

PLÉ, Albert. La maturité affective. Esquisse théologique. *Le Supplément*, [s. l.], v. 11, n. 46, p. 284-299, 1958.

PLÉ, Albert. Peut-il exister des attraits inconscients à la vie religieuse? *Le Supplément*, [s. l.], v. 14, n. 3, p. 269-278, 1950.

PLÉ, Albert. Une expérience de discernement des vocations. *Le Supplément*, [s. l.], v. 14, n. 56, p. 75-91, 1961.

POGGIO, Barbara. *Mi racconti una storia?*: il metodo narrativo nelle scienze sociali. Roma: Carocci, 2004.

POLÁČEK, Karel. Test psicologici. *In*: PRELLEZO, José Manuel; MALIZIA, Guglielmo; NANNI, Carlo (org.). *Dizionario di Scienze dell'Educazione*. Roma: LAS, 2008. p. 1197-1201.

REGOLIOSEI, Luigui. *La prevenzione del disagio giovanile*. Roma: NIS, 2010.

REID, William; WISE, Michael. *DSM-IV*: training guide. Nova York: Brunner-Mazel, 1995.

REKER, Gary; CHAMBERLAIN, Kerry. *Exploring existential meaning*: optimizing human development across the life span. Londres: Sage, 2000.

RIGONI, Maisa; SÁ, Samantha Dubugras. O processo psicodiagnóstico. *In*: HUTZ, Claudio Simon *et al.* (org.). *Psicodiagnóstico*. Porto Alegre: Artmed, 2016. p. 27-34.

RIPMAN, Jennifer Cole. Personality testing for religious life. *Human Development*, [*s. l.*], v. 6, n. 4, p. 20-24, 1985.

ROMANO, John. *Prevention psychology*: enhancing personal and social well-being. Washington, DC: APA, 2014.

ROWLING, Louise; MARTIN, Graham; WALKER, Lyn. *La promozione della salute mentale e i giovani*: teorie e pratiche. Milão: McGraw-Hill, 2004.

SACRA CONGREGATIO DE RELIGIOSIS. Instructio scrutinio alumnorum peragendo antequam ad ordines promoveantur. *Acta Apostolicae Sedis*, Roma, v. 23 [1930], n. 4, p. 120-129, 1931.

SACRA CONGREGATIO DE RELIGIOSIS. Intervention di Iacobus Lorenzini. *In*: *Acta et documenta Congressus Generalis de Statibus Perfectionis – Romae 1950*. Roma: Paoline, 1952a. v. 2, p. 804-812.

SACRA CONGREGATIO DE RELIGIOSIS. Intervention di Iulianus Beausoleil. *In*: *Acta et documenta Congressus Generalis de Statibus Perfectionis – Romae 1950*. Roma: Paoline, 1952b. v. 2, p. 579-585.

SACRA CONGREGATIO DE RELIGIOSIS. Intervention di Marcellinus Castelvi. *In*: *Acta et documenta Congressus Generalis de Statibus Perfectionis – Romae 1950*. Roma: Paoline, 1952c. v. 2, p. 792-799.

SACRA CONGREGATIO S. OFFICII. Monitum. *AAS 53*, Roma, v. III, n. 10-11, p. 571, 1961.

SALA STAMPA DELLA SANTA SEDE. Incontro su "La Protezione dei Minori nella Chiesa": punti di riflessione. *Bolletino*, Vaticano, 21 fev. 2019. Disponível em: https://press.vatican.va/content/salastampa/it/bollettino/pubblico/2019/02/21/0149/00305.html. Acesso em: 25 fev. 2023.

SALMAN, Dominique. Le discernement des vocations religieuses. *Le Supplément*, [s. l.], v. 13, n. 52, p. 81-98, 1960.

SANAGIOTTO, Vagner (org.). *A dimensão humana na formação religiosa e presbiteral*: do chamado de Deus à fidelidade vocacional. Aparecida: Santuário, 2024.

SANAGIOTTO, Vagner. Aspetti educativi e risposta vocazionale. *In*: GRAMMATICO, Salvatore (org.). *Vocazione*: prospettiva di vita e aspetti educativi. Roma: Rogate, 2022a. p. 207-230.

SANAGIOTTO, Vagner. *La sindrome di burnout tra i sacerdoti e i religiosi brasiliani*: un'indagine sul campo tra i domini di personalità e la gestione delle emozioni. Curitiba: Editora do Autor, 2022b.

SANAGIOTTO, Vagner. Logoterapia in tempo di crisi pandemica. *In*: PACCIOLLA, Aureliano; CREA, Giuseppe (org.). *Esistenzialismo e scienze umane*. Milão: FrancoAngeli, 2021. p. 179-193.

SANAGIOTTO, Vagner. O debate teológico do século XX e o ingresso da psicologia no contexto formativo. *Stella Maris*, [s. l.], v. 1, n. 1, p. 25-35, 2020.

SANAGIOTTO, Vagner. Psicologia e formação: gestão da crise no contexto formativo. *Convergência*, [s. l.], v. 54, n. 526, p. 42-49, 2019.

SANAGIOTTO, Vagner. *Psicologia e formazione*: la gestione della crisi nel contesto formativo. Curitiba: Editora do Autor, 2023.

SANAGIOTTO, Vagner; CAMARA, Claudia; PACCIOLLA, Aureliano. A síndrome de burnout na Vida Religiosa Consagrada feminina: as contribuições da vida em comunidade. *Angelicum*, [s. l.], v. 99, n. 1, p. 39-63, 2022.

SANAGIOTTO, Vagner; CREA, Giuseppe. Il profilo psicologico dei religiosi in formazione iniziale: attese e prospettive. *Orientamenti Pedagogici*, [s. l.], v. 68, n. 3, p. 67-81, 2021.

SANAGIOTTO, Vagner; PACCIOLLA, Aureliano. A relação entre inteligência emocional e os domínios de personalidade psicopatológicos entre os padres e religiosos brasileiros. *REVER*, São Paulo, v. 22, n. 2, p. 157-171, 2022a.

SANAGIOTTO, Vagner; PACCIOLLA, Aureliano. Exaustos, porém, realizados! Análise descritiva da síndrome de burnout entre os padres e religiosos brasileiros. *Revista Eclesiástica Brasileira*, Petrópolis, v. 82, n. 321, p. 193-207, 2022b.

SANAGIOTTO, Vagner; SANTIN, Wilmar. Entre tensões e escolhas: as saídas na Vida Religiosa Consagrada. *Revista Eclesiástica Brasileira*, Petrópolis, v. 84, n. 327, p. 252-272, 2024.

SANDERSON, Susan; VANDENBERG, Brian; PAESE, Paul. Authentic religious experience or insanity? *Journal of Clinical Psychology*, [s. l.], v. 55, n. 5, p. 607-616, 1999.

SARTORI, Ricardo; CESCHINI, Andrea. Assessment and development centers: judgment biases and risks of using idiographic and nomothetic approaches to collecting information on people to be evaluated and trained in organizations. *Quality & Quantity: International Journal of Methodology*, [s. l.], v. 47, n. 6, p. 3277-3288, 2013.

SARTORI, Riccardo; ELISA, Bortolani. L'approccio idiografico e l'approccio nomotetico alla persona: il caso dei test psicologici. *Giornale Italiano di Psicologia*, [s. l.], v. 33, n. 1, p. 107-118, 2006.

SAXENA, Shekhar; MAULIK, Pallab. *Prevention and Promotion in Mental Health*. Genebra: WHO, 2002.

SCILLIGO, Pio. La narrazione come fonte di informazione affidabile sul sé. *Psicologia, Psicoterapia e Salute*, [s. l.], v. 8, n. 2, p. 81-110, 2002.

SCILLIGO, Pio. *La ricerca scientifica tra analisi ed ermeneutica*. Roma: LAS, 2009.

SEGRETERIA DI STATO DEL VATICANO. Affari Ecclesiastici Straordinari in Francia. Vaticano, s.d.

SOEIRO, Rachel Esteves *et al*. Religião e transtornos mentais em pacientes internados em um hospital geral universitário. *Cadernos de Saúde Pública*, Rio de Janeiro, v. 24, n. 4, p. 793-799, 2008.

SPECHT, Jule. *Personality development across the lifespan*. Cambridge: Academic Press, 2017.

SPERRY, Len. *Spirituality in clinical practice incorporating the spiritual dimension in psychotherapy and counseling*. Philadelphia: Brunner-Routledge, 2001.

SUGARMAN, Léonie. *Psicologia del ciclo di vita*: modelli teorici e strategie d'intervento. Milão: Raffaello Cortina, 2003.

SUNARDI, Yulius. *Predictive factors for commitment to the priestly vocation: a study of priests and seminarians*. 2014. Tese (Doutorado) – Marquette University, Milwaukee, Wisconsin, 2014.

TAVARES, Marcelo. Validade clínica. *Psico-USF*, Campinas, v. 8, n. 2, p. 125-136, 2003.

TOUSSAINT, Hirsch; WEBB, Jon. Religion, spirituality and mental health. *In*: *The psychology of Religion and spirituality for clinicians using research in your practice*. Nova York: Guilford, 2005. p. 331-356.

TRENTINI, Clarissa Marceli; BANDEIRA, Denise Ruschel; KRUG, Jefferson Silva. Escolha dos instrumentos e das técnicas no psicodiagnóstico. *In*: HUTZ, Claudio Simon *et al.* (org.). *Psicodiagnóstico*. Porto Alegre: Artmed, 2016. p. 68-72.

TRULL, Timothy; DURRETT, Christine. Categorical and dimensional models of personality disorder. *Annual Review of Clinical Psychology*, [s. l.], v. 1, n. 1, p. 355-380, 2005.

TRULL, Timothy *et al*. Dimensional models of personality disorder: diagnostic and statistical manual of mental disorders fifth edition and beyond. *Current Opinion in Psychiatry*, [s. l.], v. 20, n. 1, p. 52, 2007.

TURNER, Robert *et al*. Religious or spiritual problem: a culturally sensitive diagnostic category in the DSM-IV. *Journal of Nervous and Mental Disease*, [s. l.], v. 183, p. 435-444, 1995.

URBINA, Susana. *Fundamentos da testagem psicológica*. Porto Alegre: Artmed, 2007.

USCCB – UNITED STATES CONFERENCE OF CATHOLIC BISHOPS. *Guidelines for the use of psychology in seminary admissions.* Washington, DC: USCCB, 2015.

WHO – WORLD HEALTH ORGANIZATION. *Health promotion. Glossary of terms 2021.* Genebra: WHO, 2021.

WHO – WORLD HEALTH ORGANIZATION. *ICD-10. Classifications of mental and behavioural disorder*: clinical descriptions and diagnostic guidelines. Genebra: WHO, 1992.

WHO – WORLD HEALTH ORGANIZATION. *ICD-11. International Statistical Classification of diseases and related health problems.* Genebra: WHO, 2022.

WORTHINGTON, Everett *et al.* Empirical research on religion and psychotherapeutic processes and outcomes: a 10-year review and research prospectus. *Psychological Bulletin*, [s. l.], v. 119, n. 3, p. 448-487, 1996.

Conecte-se conosco:

- **f** facebook.com/editoravozes
- **◉** @editoravozes
- **𝕏** @editora_vozes
- **▶** youtube.com/editoravozes
- **⌾** +55 24 2233-9033

www.vozes.com.br

Conheça nossas lojas:

www.livrariavozes.com.br

Belo Horizonte – Brasília – Campinas – Cuiabá – Curitiba
Fortaleza – Juiz de Fora – Petrópolis – Recife – São Paulo

EDITORA VOZES LTDA.
Rua Frei Luís, 100 – Centro – Cep 25689-900 – Petrópolis, RJ
Tel.: (24) 2233-9000 – E-mail: vendas@vozes.com.br